经典全景二战丛书

二战决胜局

田树珍／编著

民主与建设出版社

·北京·

图书在版编目（CIP）数据

二战决胜局 / 田树珍编著 . -- 北京：民主与建设出版社，2019.6（2023.4 重印）

（经典全景二战丛书）

ISBN 978-7-5139-2506-8

Ⅰ . ①二… Ⅱ . ①田… Ⅲ . ①第二次世界大战战役－史料 Ⅳ . ① E195.2

中国版本图书馆 CIP 数据核字（2019）第 103064 号

二战决胜局
ERZHAN JUESHENGJU

编　　著	田树珍	
责任编辑	王　颂	
封面设计	亿德隆文化	
出版发行	民主与建设出版社有限责任公司	
电　　话	（010）59417747　59419778	
社　　址	北京市海淀区西三环中路 10 号望海楼 E 座 7 层	
邮　　编	100142	
印　　刷	三河市天润建兴印务有限公司	
版　　次	2020 年 5 月第 1 版	
印　　次	2023 年 4 月第 2 次印刷	
开　　本	710 毫米 ×1000 毫米　　1/16	
印　　张	18	
字　　数	240 千字	
书　　号	ISBN 978-7-5139-2506-8	
定　　价	49.80 元	

注：如有印、装质量问题，请与出版社联系。

目　录

第一章

捕猎大西洋

德国发动巡洋战

幸运的是，德国海军刚刚起步，还没有形成战斗力。

第一次世界大战德国战败，被迫割让了大片的领土，但泽割给波兰，通向波罗的海的波兰走廊将德国分为两块，在走廊东面的东普鲁士成了远离德国本土的孤岛。阿道夫·希特勒上台后发誓要报这一箭之仇，希特勒以极快的速度重整军备。

希特勒实行的是"先大陆，后海洋"的扩张政策，在他看来，在未来的战争中德国先要打败的是法国等大陆强国，而不是躲在三座小岛上的英国。

1932 年 11 月，德国海军一年的军费只有 1.8 亿马克。1933 年，德国海军只有 1 艘装甲舰、3 艘定期班轮、5 艘轻型巡洋舰、12 艘鱼雷艇和其他船只。

希特勒上台后，马上追加海军军费，至 1939 年海军军费达到 23 亿马克。

埃里希·雷德尔是德国海军的总司令，他早就发现了海上生命线对于英国的重要性。

英国历届政府都把建立强大的海军置于第一位。几百年来，英海军保护着英国的海上生命线，维系着"日不落帝国"。

"二战"爆发后，英国海上生命线受到巨大的威胁。德国潜艇在大西洋击沉英国客货轮船的事件使温斯顿·丘吉尔忧心忡忡。

幸运的是，德国海军刚刚起步，还没有形成战斗力，只有 2 艘旧战列舰、3 艘战列巡洋舰、2 艘重巡洋舰、6 艘轻巡洋舰、22 艘舰队驱逐舰和

57 艘潜艇。

英国向德国宣战时，拥有 8 艘航空母舰、12 艘战列舰、3 艘战列巡洋舰、15 艘重巡洋舰、49 艘轻巡洋舰、119 艘舰队驱逐舰、64 艘驱逐舰、45 艘扫雷舰和岸防舰。

丘吉尔认为，英国海军只要用主力封死北海，就能致德国海军于死地。虽然德国潜艇数量不多，却像泥鳅一样滑，神出鬼没。

德国的海岸线很短，为了避免水面舰只被英国皇家海军堵住，雷德尔在"二战"爆发前，把战列巡洋舰"海军上将施佩伯爵"号和"德意志"号派往大西洋，准备截杀英国的护航运输队。

第二次世界大战爆发后，希特勒控制了欧洲大部分大陆。只有英国据守英吉利海峡天险，负隅顽抗。

希特勒曾想用空军迫降英国，又想派陆军渡海登陆英伦，但均未达到目的，便寄希望于经济绞杀战，派潜艇、飞机与水面舰艇对英国大西洋运输线进行攻击。

在 1939 年 9 月第二次世界大战爆发以后的一年多时间里，德国一直想方设法破坏英国的海上运输线。

在大西洋战场上，德军对英作战主要以德国海军的基本兵力破坏英国的海上交通线，并以"巡洋战"的方式为主，即远离驻地的海区，采用大量互无联系的巡洋舰单独作战，袭击英国的运输船。

希特勒对雷德尔对英国采取"巡洋战"的设想表示赞许。

1939 年 8 月 21 日，德国的"海军上将施佩伯爵"号秘密驶往南大西洋。

战争打响以后，该舰声东击西，灵活机动，3 个月内先后在南大西洋与印度洋击沉"克莱门特"号、"阿什利"号等英国运输船（约 5 万吨），对英国的海上运输线造成了重大威胁。

英国海军迅速作出反应，在 10 月 5 日以 28 艘大型军舰为骨干，组建

德国"海军上将施佩伯爵"号巡洋舰

了 8 个搜索群。

亨利·哈伍德准将指挥的分舰队以福克兰群岛为基地，负责南大西洋西部一带的巡逻与警戒。

在两个月的搜索后，哈伍德终于捕捉到了德国"海军上将施佩伯爵"号。

12 月 13 日晨，在"海军上将施佩伯爵"号战列巡洋舰上，舰长汉斯·兰斯多夫正在享用早点。突然，瞭望哨报告，英国舰队从两翼夹击而来。

兰斯多夫急忙奔向舰桥。他拿起望远镜，只见左右两侧都是英舰。

兰斯多夫确认英舰队由一艘重巡洋舰与两艘轻巡洋舰组成。他露出了轻蔑的表情，下令拉响战斗警报。

"海军上将施佩伯爵"号火力极强，且具有装甲防护能力，英国巡洋舰的总火力虽超过了它，但没有装甲防护能力。而且，它的主炮射程与口径均超过了英舰。

英舰一进入射程，兰斯多夫下令："开火！"

他命令"海军上将施佩伯爵"号艏炮掉转炮口，用全部主炮，集中轰击敌重巡洋舰"埃克塞特"号。"埃克塞特"号驾驶台虽然被毁，但仍没有停止战斗，它用艉炮朝"海军上将施佩伯爵"号不断射出 203 毫米炮弹，恰好有一枚击中了"海军上将施佩伯爵"号的舰楼。

6 时 30 分，英舰"阿贾克斯"号与"阿基里斯"号冲了过来，将炮弹猛泻在德舰的主甲板上。

"海军上将施佩伯爵"号厚达 38 厘米的装甲板被撕裂，火控系统被毁。英舰"埃克塞特"号趁机向德舰右舷连射几枚鱼雷。

兰斯多夫在左右受敌的情况下，急忙施放烟幕逃跑。

在长达 82 分钟的海战中，双方各有损伤。3 艘英舰有两艘因受创而被迫撤退。"海军上将施佩伯爵"号也急需补充燃油，进行修理。

在无法返回德国的情况下，兰斯多夫踌躇再三后，决定到附近的中立

国乌拉圭的蒙得维的亚港停靠。

就在"海军上将施佩伯爵"号向西行驶时，两艘英舰尾随而来。

"海军上将施佩伯爵"号刚刚在乌拉圭的蒙得维的亚港抛锚，3艘英舰聚集在港口外，将蒙得维的亚港封得严严实实。在英国的压力下，乌拉圭人只允许德国军舰在港口停留3天。

3天的期限马上就到了。12月17日下午7时50分，德国战列舰内部不断发出爆炸之声，"海军上将施佩伯爵"号38厘米厚的钢板被炸裂得粉碎。"海军上将施佩伯爵"号宁愿自毁也不做英舰的俘虏。据说，这是希特勒的命令。

"海军上将施佩伯爵"号的沉没，对德国海军"巡洋战"无疑是战略的打击。

1941年4月，希特勒与雷德尔又策划了代号"莱茵演习"的"巡洋战"行动。

他们想以两支强大的德国舰队，对盟军的北大西洋运输线进行夹击。

德国刚瑟·吕特晏斯海军上将被任命为舰队指挥，他不但率领了"沙恩霍斯特"号、"格奈森诺"号、"欧根亲王"号，还率领了最新的"俾斯麦"号战列舰。

"沙恩霍斯特"号与"格奈森诺"号在南方，"俾斯麦"号与"欧根亲王"号在北方，两支舰队正好对盟军的海上运输线形成了钳击之势。

但是，德国舰队的行动却不像预想的那么顺利。"沙恩霍斯特"号与"格奈森诺"号还未出征，就被英军发现。

在英军飞机不断的空袭下，这两艘战舰均受重创。

"欧根亲王"号虽然受到鱼雷攻击，却无大碍。无奈之下，吕特晏斯将军只好命北方舰队单独踏上征程。

5月18日，在波罗的海暮霭重重之下，对英国海军颇具威慑力的"俾斯麦"号与"欧根亲王"号从卡特加特海峡向冰岛北部进发。"俾斯麦"

号是当时最强大的超级战列舰之一。

战胜"俾斯麦"号，英国海军要集中全部机动兵力，以众击寡，弥补单舰战斗力不及对方这一弱点。因此，英国舰队不但要部署得当，还要撒得开，收得拢。

英国兰斯特洛·霍兰海军中将在得知"俾斯麦"号踪迹后，迅速率领其战列舰编队，星夜兼程，赶往丹麦海峡南出口进行截击。

他的战列舰编队有 4.2 万吨的"胡德号"与 3.5 万吨的"威尔士亲王"号两艘战列舰。

他认为两舰联手，完全能与"俾斯麦"号及其僚舰决一雌雄。

霍兰抢占先机，指挥"胡德号"与"威尔士亲王号"从左右直扑"俾斯麦"号。

"俾斯麦"号却从容不迫，瞄准"胡德号"，第一次射击，就击中了"胡德号"的炮塔。

第二次射击，就击中了"胡德号"弹药库。在巨响中，"胡德号"被

德国"俾斯麦"号战列舰

炸断，沉入大西洋。包括霍兰中将在内的 1400 名英国海军官兵随舰沉没，仅有 3 名水手逃生。

"胡德号"沉没以后，德舰集中精力攻击"威尔士亲王号"。

"威尔士亲王号"在中了"欧根亲王号"三发炮弹后，又被"俾斯麦"号重炮击中，在伤痕累累的情形下，只好施放烟幕逃走。

德舰虽然击沉了"胡德号"，但也为此付出了惨重代价。"欧根亲王号"受了伤。"俾斯麦"号也因中了"威尔士亲王号"的 2 枚 356 毫米炮弹而使油舱漏油，机械发生故障。而英舰"萨福克号"与"诺福克号"还如影随形地跟踪其后。

德军突入大西洋已无可能，现在的当务之急就是掩护"欧根亲王号"摆脱英舰的追踪。

吕特晏斯中将经过一番思虑，指挥"俾斯麦"号突然掉头，直扑追踪其后的英国巡洋舰。

"萨福克号"与"诺福克号"见状，赶紧掉头逃窜。"欧根亲王号"趁机驶离。

5 月 26 日早上 10 点，英国水上巡逻飞机发来报告，在距法国海岸1400 公里的地方发现一艘战列舰，正向布勒斯特航行。

英国海军上将约翰·托维爵士断定是"俾斯麦"号，马上下令各路英军从四面合击，围捕受伤的大洋猛虎。

英海军上将詹姆斯·萨默维尔爵士指挥的特混舰队不但有"声望号"战列巡洋舰，还有"皇家方舟号"航空母舰。

萨默维尔爵士在指挥舰队驶向德舰的同时，出动舰载机拦截。

从"皇家方舟号"起飞的鱼雷轰炸机发射的鱼雷，连连命中"俾斯麦"号。

其中有枚鱼雷击中了"俾斯麦"号舵舱，不但炸毁了螺旋桨与舵齿轮，还卡住了方向舵。

"俾斯麦"号经此一击后，失去控制，只能在海上横驶乱撞。越来越深地陷进了英军的包围圈。

吕特晏斯绝望地给希特勒发电报："我舰无法操纵，被英国诸舰包围……我们将战至最后一弹！"

吕特晏斯已感到"俾斯麦"号没有返回德国的希望了。

失望的情绪像野火一样在"俾斯麦"号官兵中迅速蔓延，加之连续4天4夜的激战与航行，"俾斯麦"号的水兵们已精疲力尽。

入夜时分，英国海军纷纷赶到，几十艘战舰团团围住了重伤后失去航行能力的"俾斯麦"号，战列舰与巡洋舰齐发炮，驱逐舰与飞机发射的鱼雷乱飞。

"俾斯麦"号如受困的猛虎，疯狂地发炮还击。

因众寡悬殊，在英军鱼雷、炮弹的连袭下，千疮百孔的"俾斯麦"号，变成了废船。

当夜10时，"俾斯麦"号在中了第12枚英国鱼雷与无数重磅炮弹以后，船身倾覆，葬身在大西洋之中。仅有113人跳海逃生，包括吕特晏斯在内的2200名德军官兵均葬身大海。

雷德尔的"莱茵演习"也以失败告终。

"狼群"出动

一个由"狼群"攻击商船的狂潮，就此拉开序幕。

希特勒与雷德尔的"巡洋战"战略虽然失败了，这时，德国海军元帅卡尔·邓尼茨的"狼群战术"却大显神威，使得英国的海上运输几乎陷入绝境。

从大西洋海战一打响，潜艇就是德国海军袭击敌方海上运输线的主要兵力。

1939年9月17日，U-29号潜艇潜在英吉利海峡西侧的海水中，潜望镜伸出海面到处观望。潜望镜中出现了1艘万吨级的大客轮，一架飞机在客轮上空护航。

艇长修哈尔德少校命令跟踪客轮。客轮发现潜艇后改变了航线，速度太快了。因为潜艇在水下的航行速度很慢，U-29号潜艇无法追上客轮。

修哈尔德刚要命令潜艇浮出海面追击客轮，忽然，在潜望镜的左舷水平线上出现一个小黑点。原来是一艘庞大的航空母舰。修哈尔德欣喜若狂。

它是英海军的"勇敢"号航空母舰。U-29号潜艇慢慢地跟在"勇敢"号后边。约2个小时后，U-29号潜艇追上了航空母舰。突然，航空母舰改变了航线，暴露出长长的侧腹。

U-29号潜艇立即浮出水面瞄准航空母舰发射了3枚鱼雷，然后立即潜入水中，以躲避英护卫驱逐舰的打击。

航空母舰连续3次爆炸，接着，又不断地爆炸。航空母舰沉入了大西洋，舰上的518名官兵葬身鱼腹。

英国护卫驱逐舰向U-29号藏身的海域扑来，投掷了深水炸弹。很多枚深水炸弹在U–29号身旁炸响了。潜艇剧烈地摇晃，不过没有受到重创。后来，U–29号艰难地逃出了炸弹区，返回潜艇基地。

U–29号的胜利，使希特勒发现了潜艇的真正威力。

对于德海军来讲，英国的斯卡帕湾是耻辱的标志。斯卡帕湾地处英国苏格兰北部的奥克尼群岛，是面积为340公顷的深水港。

邓尼茨一心想进攻斯卡帕湾，由于第一次世界大战时有过两次战败的惨痛教训。邓尼茨不敢轻举妄动，一直在搜集斯卡帕军港的情报。通过情报得知，要进攻斯卡帕军港困难重重：斯卡帕湾的流速达10节，德国潜艇的水下最高速度仅为7节，潜艇不能逆流而进。而且斯卡帕军港的防卫非常严密。

9月11日，邓尼茨从空军那里得到了重要的情报，空军拍摄了斯卡帕、弗洛塔、绥萨、里沙海峡内的英海军军舰。另外，U–16号艇长通过侦察得知，可以在霍克沙海峡启闸之机闯入斯卡帕湾。邓尼茨请求第2航空队想办法拍摄斯卡帕港各入口处的照片。

通过对各种情报的仔细分析，邓尼茨发现斯卡帕湾共有7个入口，除了霍姆海峡以外，其他6个入口都设有防潜网、防潜棚和水雷场，还设有警戒舰艇，潜艇不能通过。由霍姆海峡南面到兰勃·雷姆有一条宽15米的航道，水深1米，虽然霍姆海峡被沉船堵住了，但能够从缝隙中穿过。

邓尼茨派U–47号艇长普莱思少校执行这一艰巨的任务。10月13日清晨，普莱恩艇长指挥U–47号潜艇潜入海中，向全体舰员下达了此次航行的作战任务，水兵们立即欢呼雀跃起来。

傍晚，U–47号潜艇浮出水面，全速向斯卡帕湾驶去。月亮还未升起，却发生了极光现象，极光把海面照耀得像白天一样。

U–47号潜艇在水面上继续航行。很快，霍姆水道出现了。根据德国空军的侦察，只有霍姆海峡防范不严。因为霍姆海峡水道狭窄弯曲，水流

非常急，水下密布巨大的礁石，是个险要之地。英海军在霍姆海峡内沉放了 3 艘破船。U–47 号潜艇成功地绕过了第一艘沉船，向湾内继续驶去。借助涨潮的水势，U–47 号潜艇眼看就要绕过第 2 艘沉船了，没想到潮水突然把潜艇向右岸推。

普莱恩下令左舵停转，右舵低速前进，潜艇向左转，费了九牛二虎之力才摆脱了搁浅的厄运。

10 月 14 日 0 时 27 分，U–47 号潜艇缓缓驶进斯卡帕军港。U–47 号潜艇在水中行驶了 3.5 海里，没有找到任何攻击目标。U–47 号潜艇绕了一个大圈，向梅茵岛驶去。

渐渐地，U–47 号潜艇前方出现了英战列舰的三脚桅和大炮塔。后方 1 海里处，又出现了 1 艘战列舰。普莱恩欣喜若狂：前方的那艘肯定是"皇家橡树"号，后面的那艘是"力伯斯尔"号。

U–47 号潜艇发射了 3 枚鱼雷，只有 1 枚鱼雷击中了"皇家橡树"号战列舰，但没有给"皇家橡树"号战列舰造成致命损伤。

德国"U–47"号潜艇

第一次攻击结束后，U–47 号潜艇向后撤退了一段距离。鱼雷兵忙着装鱼雷，准备攻击。

午夜 1 时 16 分，U–47 号潜艇驶入发射阵地，发动了第二次攻击。3 枚鱼雷射中了"皇家橡树"号战列舰。

被炸坏的"皇家橡树"号的碎片到处飞扬，呈 40 度大倾斜，舰体缓缓地沉入海中，舰长以下 833 名官兵全部葬身海底。

斯卡帕军港中的其他军舰才知道大难临头，连忙出动舰艇寻找德潜艇。普莱恩立即下令以最快的速度返航。

忽然，一艘驱逐舰朝 U–47 号潜艇扑来。普莱恩和水兵们紧张地看着英驱逐舰。

有趣的是，英国驱逐舰忽然改变了航向，在距离 U–47 号潜艇非常远的地方投掷了大批深水炸弹。

U–47 号潜艇灵巧地绕过沉船和大量的险礁，撤出了霍姆海峡。

事后，英国在柯克水路的狭道的沉船旁，又凿沉了一只旧船。英国舰队撤到军港内的其他停泊处，加强对斯卡帕军港的防卫。

在对商船的攻击方面，许多德国潜艇创造了辉煌的战果。尽管它们不像 U–47 号、U–29 号潜艇那样被广泛宣传，但都很厉害。

邓尼茨出动的这些"独狼"，尽管数量很少，但十分狠毒。潜艇的官兵们明明知道有生命危险，但毫不畏惧。因为他们知道：更多地击沉英国的商船，会使英国早一天屈服。

U–48 号潜艇的艇长修尔杰少校，先后共击沉盟国船只多艘、总吨位10 万吨。

一日，一支拥有 25 艘舰船的英运输船队驶进 U–48 号潜艇的射程。U–48 号潜艇攻击了 2 艘货船，一只货船沉入海底。

英军护卫舰马上扑了过来，U–48 号潜艇连忙躲避。

半小时后，U–48 号潜艇再次浮出水面，英"栅达兰"号护卫舰又扑

了过来。

修尔杰马上跳入舰桥，跑进甲板升降口，大喊："潜航！"

海水灌进压载舱，空气被排尽。为了让艇首立即下潜，艇员们都跑到潜艇的前部。当海水淹没潜艇的指挥塔后，猛烈的爆炸声响了起来。

突然，传来驱逐舰驶近的巨大马达声，又响起了潜艇探测器的音波遇到潜艇后被弹回去的声音。

潜艇探测器是英国于20世纪30年代发明的超声波的回音装置。英舰的深水炸弹投下来后炸响，U-48号剧烈地摇动起来。

第2枚深水炸弹投下来了，这次比第一枚投得还要近，U-48号潜艇摇动得更剧烈了。

修尔杰命令改航，进一步下潜。20分内没有听到爆炸声。

突然，第三枚深水炸弹又爆炸了，震坏了潜艇舱内的深度计和通信装置，不过舰体没有遭到损伤。

修尔杰命令沉入海底，关闭发动机和一切发音装置。

英国驱逐舰正在探测U-48号潜艇，潜艇上的水手们能听见英军舰巨大的发动机的声音。

一会儿，深水炸弹又发动了攻击，在潜艇的前后左右不断地爆炸，舱内的很多物品都被震坏了。

潜艇在海底一直躲到天黑，才浮上60米的深度。潜行约4公里后，浮回海面上。

1940年6月22日，法国投降以后，德国潜艇进驻法国布雷斯特、圣纳泽尔、洛里昂、拉帕利斯与波尔多等港口。

由于德国潜艇驶入大西洋的距离缩短，因此海上活动的数量也有所增多，指挥更加便利，这为邓尼茨"狼群战术"的实施提供了有利条件。

从此，邓尼茨的"狼群"大显神威。

1940年9月，德国情报部门破译了一份密电，掌握了英国一支护航运输队的行踪。

邓尼茨马上派 4 艘潜艇出海，虽然天气恶劣，对潜艇作战非常不利，"狼群"还是击沉了 5 艘英国货船。

9 月 21 日，邓尼茨再次出动"狼群"，向一支由 41 艘商船编成的护航运输队进行攻击，击沉商船 12 艘。

一个由"狼群"攻击商船的狂潮，就此拉开序幕。

商船的损失、航线的改道以及运输日期的增加，使英国的进口锐减，每星期货物输入量从 120 多万吨（不含石油）骤减至 75 ~ 80 万吨。

石油每月的进口量减少了一半左右，远不能满足英国的需求。

更加危险的是，被德国潜艇击沉的商船的吨位数已大大超出了英国新建船舶的吨位。

就在邓尼茨不断命"狼群"攻击英国商船队的同时，1940 年 5 月，丘吉尔当选为英国新首相。他上任后的最大难题，就是如何驱散或歼灭德国"狼群"，使英国不致因物资匮乏而丧失战斗力。

邓尼茨目送德国潜艇出海

丘吉尔认为，仅靠英国是对付不了"狼群"的，因此频频向美国求援。

丘吉尔在给华盛顿的急电里，提出将英国在大西洋西部的 8 个海空军基地租给美国 99 年，以换取美国的 50 艘陈旧的驱逐舰。

当时，美国仍处于中立状态，如向交战国英国交付 50 艘驱逐舰，德国人将视之为帮助英国，改变中立立场，这恰好与美国人不想卷入战争的愿望相悖。

但美国总统富兰克林·罗斯福克服重重障碍，于 1940 年 9 月 2 日，促使美英就美国驱逐舰交换英国在美洲基地问题达成了正式协议。

4 天后，英国海军在哈利法克斯港接到了第一批 8 艘驱逐舰。

1940 年 10 月 16 日子夜，德 U-48 号潜艇艇长修尔杰少校在罗克尔岛西北方向，发现了英国护航运输队，马上向洛里昂的邓尼茨报告护航运输队的位置、航向、航速、船数与护航兵力，并准备对船队进行攻击。

修尔杰指挥潜艇悄悄靠近商船队，向 3 个目标发射了鱼雷，然后掉头撤离。

U-48 号潜艇调头之后，传来两声巨大的爆炸声。一艘油轮起火；一艘货船中雷。两船开始下沉。

早 7 点钟，就在 U-48 号潜艇准备下潜之时，瞭望哨传来惊呼：前方发现飞机！

修尔杰还没反应过来，一架英军飞机便直扑而来，向潜艇扔下两颗炸弹。

好在没炸中，潜艇立即下潜。但是，英军飞机却引导两艘英国护航舰追来。

此时，U-48 号潜艇只有潜在水中低速蠕动。从早 7 时到下午 3 时，英舰不断在潜艇周围投掷深水炸弹。

但英军将深水炸弹爆炸的深度设定为 120 米，而 U-48 号潜艇却在水下 200 米处航行，因此并没有受到重大威胁。

U–48 号潜艇被困水下，邓尼茨心急如焚。在接到 U–48 号潜艇的第一次报告以后，邓尼茨就命附近的潜艇迅速向 U–48 号潜艇靠拢。

此时，"狼群"正纷纷向集结点驶去，而 U–48 号潜艇却中断了报告。

终于，正在前往集结点的 U–48 号潜艇发回报告："发现英国护航运输队，船队正向南行驶。"

得到这一消息以后，邓尼茨喜出望外。

18 日日落时分，潜艇先后抵达作战水域，"狼群"开始捕食了。

遭到潜艇攻击以后，英军护航舰只四处逃窜。因为英军舰上并未装备雷达，瞭望哨不能用肉眼在夜幕中发现这群行踪诡秘的幽灵。

"狼群"向护航运输队发起了疯狂地猛攻，在这场激烈的混战中，四处都有商船在燃烧、爆炸、沉没。有的缓慢下沉，有的一折两断。

最终，这支英国护航运输队的 35 艘商船，有 20 艘被"狼群"吞食，仅有 15 艘侥幸驶达港口。邓尼茨的 7 艘潜艇则无任何损伤。

天亮时分，德潜艇返航。

"弩炮"计划

为了削弱德国的海上力量，丘吉尔做出了他自己认为是一生中最违背天性的决策——"弩炮"作战计划。

1940年6月22日，法国向德国投降。

这时，大半个欧洲已经纳入德国版图，唯一能够与德国抗衡的，只有英吉利海峡对岸的英国。

1940年7月至1941年5月，大西洋海战进入第二阶段。德国潜艇部队的士气不断上升，涌现出很多击沉商船的"英雄"。

尽管邓尼茨下令对英国船员"格杀勿论"，然而，多数德国潜艇艇长或是营救英国船员，或者向英国政府发电，通知英国船员的具体位置。

7月8日夜晚，U-99号潜艇在英国北海海峡浮出了水面，监视着海面。

艇长奥托·克里奇默尔少校靠在指挥栏上，叼着雪茄，吸了起来。忽然，哨兵向克里奇默尔报告："有情况。"

克里奇默尔举起双筒望远镜，一支英国护航运输船队分为两组，在3艘驱逐舰的护航下向西驶去。

U-99号潜艇两小时后追到了英船队的前边。克里奇默尔下令只露出潜望镜，等待英船队的到来。

一艘英驱逐舰迎面扑来，U-99号潜艇刚要躲进深水中，

英驱逐舰忽然从艇尾方向冲过去了。接着，英船队分为两组，贴近U-99号潜艇。

U-99号潜艇发射了2枚鱼雷，水手们等待着鱼雷爆炸的巨响。一会儿，英船队安全地从海面上驶过去了。

克里奇默尔气得大骂，"真倒霉！鱼雷又没有响。"

U-99 号潜艇的尾发射管立即发射鱼雷，鱼雷仍没有响。U-99 号潜艇又瞄准一艘大船，发射鱼雷，击沉了大船。

克里奇默尔下令："立即潜航！"与此同时，英军驱逐舰正高速扑来。

潜艇刚刚下潜到 45 米处，周围不断响起深水炸弹的爆炸声，潜艇剧烈摇动起来。一颗深水炸弹击中了近舷。

潜艇不断地下跌，跌入 110 米的深度。

英舰发出的呼呼巨响声不断传来，螺旋桨声震耳欲聋。很快，噪音完全消失，可是四周又响起了深水炸弹的爆炸声。

U-99 号潜艇艰难地恢复了平衡，仅受到轻微损伤。潜艇的航速大大降低。U-99 号在水下的最大航速仅为 8 节，比水面舰艇 30 节的速度慢几倍。

U-99 号潜艇毫无办法，英舰持续追击两个多小时，一颗深水炸弹又在潜艇的近舷爆炸，海水把潜艇艇壳压得嗡嗡直响。

为了减少氧气的消耗，克里奇默尔下令舰员躺倒，戴上呼吸罩。6 个小时后，英舰停止了攻击。克里奇默尔发现蓄电池组的电能快耗光了，他只剩两个选择：一是迅速让潜艇浮出水面，进攻驱逐舰；二是让潜艇沉入海底。

克里奇默尔下令沉入海底，连续 6 个小时不准有任何行动。

厕所冲水后臭气熏天，艇员们改用马桶，但各舱内的空气更污浊了。后来，艇内的二氧化碳含量在逐渐上升，有些舰员已经喘不上气来了。英军舰艇发出了巨大的呼呼声和螺旋桨的巨大轰鸣声。舰员们感到死神就快来临了。

9 日凌晨，英驱逐舰逐渐远去，U-99 号潜艇在下潜 18 个小时后，浮出了水面。

克里奇默尔打开升降口盖，登上了指挥台。发动机启动了，风扇将清

新的空气抽进艇内。舰员们钻出了潜艇，贪婪地呼吸着空气。

7月12日，U-99号潜艇将一艘希腊货船击沉。随后，U-99号潜艇召唤一架德国轰炸机，炸毁苏联货船"默里萨尔"号。7月15日，U-99号潜艇把英货船"沃德布里"号炸沉。

1940年7月16日，希特勒下令制订"海狮"计划，准备派军在9月15日前登陆英国。一份发给德国军官的绝密命令宣布了希特勒的决定："鉴于英国不顾自己军事上的绝望处境，仍然毫无愿意妥协的表示，我已决定对英国登陆作战，若有必要，即付诸实施。"

这次作战行动的代号是"海狮"。时间定在8月中旬，此前6星期先进行大规模空袭。

准备工作一开始，德国陆海军便叫苦连天：缺少运输船只，海上作战能力不如对手，英国海军防御力量强大……征服英国谈何容易！

风急浪高的英吉利海峡不是法国的阿登山区，没有制海权，坦克只能望海兴叹。

德国U型潜艇浮出水面

"海狮"行动的构想十分庞大：

用 39 个师的兵力在宽广的正面上，以奇袭为基础实施登陆，第一批登陆兵力为 13 个师。

此外还要在海峡各港口内集中驳船 1722 艘，拖船 471 艘，摩托艇 1161 艘，一切的准备均应在 8 月中旬完成。

希特勒对于这个海狮作战的准备时间只预定为一个月，可以想见其荒谬。

按计划德军分 3 批到达，首先抢占滩头阵地，然后向内陆推进，首要目标是切断伦敦与英国其他地区的联系。

当德军占领英国首都后，由盖世太保逮捕英国的首脑人物，从丘吉尔到作家赫胥黎以及演员科沃德。再将所有 17 至 45 岁的健全的英国男子拘禁起来，运往欧洲大陆。

除海军总司令雷德尔对此计划持怀疑态度外，德国陆军将领都深信"海狮"计划能够成功。

令雷德尔忧虑的是，除了他的海军在挪威受过损失之外，主要是他身边的战略家们把"海狮"行动仅仅看做是一次渡河计划，只不过这一次河宽一些罢了。

这些战略家们似乎并不懂得，乘风破浪地渡过 40 多公里（通常是白浪滔天）的英吉利海峡，与攻过 1 公里宽的维斯杜拉河进入波兰或两公里多宽的莱茵河进入法国，有着天地之别。

但雷德尔身边的战略家们认为，一般的渡河作战德军已经很熟练了，他们只需要对此作两处修改：

一是用德国空军的轰炸机代替地面的炮兵；二是让海军承担运输任务，而这项任务过去通常是由陆军运输部队来完成的。

对这些战略家们的轻率态度，雷德尔十分震惊。雷德尔深知，海路登陆这种作战方式，德军并没有仔细地训练过。

而且，雷德尔明白，他的海军并不具备保护和维持"海狮"计划在320公里宽的海面上实施作战所需的足够船只。

当雷德尔提出缩短战线时，陆军的将领们反驳说，这等于把他们的军队"直接送进绞肉机"。

只有雷德尔明白，在320公里宽的海面作战才真正是把德国陆军"直接送进绞肉机"。

德军要从英吉利海峡进军英国，必须有强大的海军力量，而德国的海军力量却弱于英国。

这时，在雷德尔的劝说下，陆军总司令沃尔特·布劳希奇和陆军参谋长弗朗茨·哈尔德都同意了他的说法，向希特勒提出他们将全力以赴执行海狮计划，而且一定能取得胜利。

然而，两人却提出一个非常关键的要求，即：在海上的战斗打响之前，德国空军必须削弱英国空军的战斗力，完全摧毁英国的空中防御力量。

两人把球扔给了德国空军司令赫尔曼·戈林，为自己留了一条退路，同时赢得了雷德尔的大力支持。

雷德尔这时才放下心来。如此将戈林推出来，用飞机打头阵，将使他的海军暂时摆脱了困境。雷德尔的如意算盘是：如果德国空军未能击败英国空军，那么就不必从海上进攻了，也不必用海军力量去与强大的英国海军相抗衡了；相反，如果英国空军被击溃，海上登陆开始，希特勒就会担任总指挥，这样，以后的罪责（也许是功劳）就都是希特勒的了。

于是，希特勒不得不做出决定：推迟登陆行动，先由空军上阵，彻底削弱英国的海空防御力量，扫清登陆障碍。

这一下，正遂了戈林心愿。他本来就对计划中关于登陆的内容不感兴趣。

自波兰之战以来，他的空军横扫千军，使他对麾下战将的威力充满了自信。

在戈林看来，单凭强大的空军就足以让英国人告饶，何况英国空军是他的手下败将。

德国空军力量现在已达到最高峰。这种高峰在后来长期的战争中没有再出现过。

德国空军在占领区和德国西北部整装待发的兵力如下：

11 个战斗机联队，共约有 1300 架单引擎的战斗机；两个战斗轰炸机联队，或者称之为重型战斗机联队，共有 180 架双引擎飞机；10 个轰炸机联队，共约 1350 架双引擎轰炸机。

戈林向希特勒夸口：一定能把英国飞机从天空中赶走，也能够阻止英国海军干扰登陆。

于是，"海狮"计划变成了以大规模空战为先导的行动。这场空战的主要目的是消灭英国空军。

按照作战部署，对英国发动空中攻势的主力是德军两个最强大的航空队：

一个是驻在荷兰、比利时和法国东北部的第 2 航空队，由阿尔伯特·凯特琳元帅指挥，负责空袭英格兰的东部地区；另一个是驻在法国北部和东北部的第 3 航空队，由施佩雷尔元帅指挥，负责空袭英格兰西部和威尔士。

此外，驻在挪威和丹麦的由施通普夫上将指挥的第 5 航空队，也将担负攻击英格兰北部和苏格兰的任务。

按照戈林和空军将领的设想，在摧毁英国空中和海上力量的条件下，派空降兵在英国本土着陆，夺占一个机场，接着使用运输机进行穿梭运输，运送 5 个精锐陆军师占领英国。

这样一来，用不了多久，德军就可以轻易打败西线的最后一个敌手。

于是，希特勒决定等到德国空军对英国实施集中攻击后，再确定登陆

战应该在 9 月发动，还是延期到 1941 年 5 月间发动。

这时，对英国来讲是个生死攸关的时刻。且不说德国空中力量的强大，即使是德国的海军也迅速壮大起来。

这是因为，法国投降之后，法国的海军力量成了德国海上力量的一部分，这使得德国通过海路入侵英国成为可能。

让这支位居世界第四的法国海军力量与德国海军力量融为一体，对英国是极为不利的。

为了削弱德国的海上力量，丘吉尔做出了他自己认为是一生中"最违背天性"的决策——"弩炮"作战计划。

"弩炮"作战计划要求，尽可能地解除法国舰队的武装，夺取、控制法国海军的舰艇，或使之失去作用，在必要时将其击毁。

战争的形势是这样的，昨天还是亲朋好友，今日必须将其作为敌人，甚至将其歼灭。

残酷的战争开始了。

德国陆军总司令布劳希奇（左）、空军元帅戈林及海军总司令雷德尔（右）

由法国海军让·苏尔将军统帅的一支舰队，停泊在地中海西端奥兰附近海面上。这是一支具有强大实力的舰队。

这支舰队包括：法国最优秀的战列舰"敦刻尔克"号与"斯特拉斯堡"号，以及 1 艘航空母舰、2 艘战列舰和一大批驱逐舰等。

7 月 2 日，英国"H"舰队萨默维尔中将要求与让·苏尔面谈，遭到拒绝。

在持续一整天的谈判毫无结果的情况下，英军只能诉诸于武力。

17 时 24 分，英国海军"H"舰队向法国这支拥有岸上炮火掩护的舰队发起了攻击。从"皇家方舟'号航空母舰上起飞的飞机向海面上的法军舰只投掷炸弹。

一时间，平静的海面成为一片火海，大火和浓烟散发出令人窒息的气味。

在强大的英国舰炮轰击 10 分钟后，法军战列舰"布列塔尼"号被炸毁，"敦刻尔克"号搁浅，"普罗旺斯"号冲上了沙滩，"斯特拉斯堡"号逃走……

同一天，在英国的朴次茅斯和普利茅斯港，英国海军同样采取了出其不意的行动，夺取了所有停泊在那里的法国舰只。

在亚历山大港，法国舰队司令戈德弗鲁瓦和英国舰队司令安德鲁·坎宁安经过谈判后，同意放出所有法舰上的燃油，卸掉大炮装置的主要部分，遣返部分船员。

直到 7 月 4 日，丘吉尔才在下院说明了政府被迫采取这个果断举措的原因：

法国方面曾保证舰队不落入德军之手、保证将俘获的约 400 名德国飞行员送往英国、保证不单独签署停战协定、保证将停战文本事先通知盟国等，但没有一项承诺兑现。

7 月 8 日，英国航空母舰"赫尔姆斯"号向停泊在达喀尔的法国战列

舰"黎歇留"号发动了进攻。

"黎歇留"号被 1 枚空投鱼雷击中，受到了重创。而停泊在法属西印度群岛的法国航空母舰和两艘轻巡洋舰经谈判，根据与美国达成的协议解除武装。

这样一来，法国海军的作战能力基本丧失。

德国企图依靠法国海军增强自己海军实力的梦想破灭了，德国海军和陆军也不得不中止了对英国的进攻。

希特勒对进攻英国问题从来就不是很坚决。

8 月 10 日，他把"海狮计划"原定于 8 月底的进攻日期推迟到 9 月下旬。

但是到了 9 月 4 日，希特勒在一次讲话中说："如果英国人迷惑不解，甚至还问'他为什么还不来呢？'我可以使你们安下心来。他就要来了。"

希特勒在同一讲话中还警告说："假如他们（英国人）宣称打算对我们城市发动猛烈的袭击，那么，我们的回答是：我们将从地图上抹去他们的城市。"

9 月 17 日，希特勒再次推迟"海狮计划"的进攻日期。但是此时德国的空军已被打得焦头烂额，伤亡惨重，德军空军即使有可能再恢复元气，那也是很困难的。空军两个军团的司令极其坚决地请求戈林放弃这些代价高昂的白天空袭，改为夜间轰炸。这意味着要学习新战术。最后德国空军逐步掌握了这些战术。

10 月 12 日，希特勒决定撤消年内进攻的计划，但是他坚持说，这仅仅是把"海狮"作战计划推迟到 1941 年春季而已。

经过以后的激烈的空战，戈林一直无法获得制空权。希特勒对这样无止境的消耗战已经厌烦，下令停止。入侵英国的"海狮计划"也因此无限期推迟。

英德绞杀大西洋

在不足一个月的猎潜战中，德国失去了3位王牌舰长，英国遏制了德海军春季潜艇战的攻势。

1940年9月2日，英美两国签署了正式协议："英国把在巴哈马群岛、牙买加群岛、安提瓜岛、圣卢西亚岛、特里尼达岛和英属圭亚那等地的海空军基地，转让给美国99年，以换取美国的50艘旧驱逐舰。纽芬兰的阿根夏和百慕大基地无偿送给美国。"

英国人得到了急需的武器，更重要的是，孤立无援的英国得到了新盟友——美国。

雷德尔要求把潜艇部队派往美国去报复时，希特勒生气地说："不，我们早晚要对付那个瘸子（罗斯福）。"希特勒伸出右手转动地球仪，指着英国和苏联说："我们打败英国和苏联后，德国、日本和意大利就会联手瓜分暴发户美国。"

在希特勒的大力支持下，在1941年第1季度，造船厂每月生产10艘新潜艇，后来每月增加到18艘潜艇。潜艇的型号和性能大大改进了，主要有两种：一种是500吨型潜艇，巡航能力为1.1万海里；一种是740吨型潜艇，巡航能力为1.5万海里。

邓尼茨请求雷德尔元帅，希望他向希特勒要飞机，装备潜艇部队。1月7日，希特勒亲自把一队远程轰炸机调给邓尼茨。

1941年4月15日，海岸轰炸航空队正式并入英国海军部，改称海军航空兵。

英国海军航空兵的飞机加强了空中警戒。但是，在大西洋上有一片几

百里宽的海域，那片海域位于格陵兰岛通向亚速尔群岛的方向，因为英海岸的飞机作战半径无法到达而出现了巡逻的空白区。

英国的一些海军护卫舰和海岸航空部队的飞机上加装了雷达。护卫舰上加装了无线电方位测定仪，能够捕捉德潜艇发出的电波，从而找到德潜艇的位置。

这样，英国护卫舰在夜里也能看见德潜艇，进行打击。

1941年3月6日傍晚，一支英国船队满载着为北非英军提供的补给品，在8艘驱逐舰护航下向非洲驶去。

当英国船队到达冰岛西南部时，德国U–47号潜艇发现了船队。舰长普莱恩立即用无线电向邓尼茨通报。邓尼茨马上命令U–70号和U–99号潜艇，立即赶往冰岛西南部海域。

U–47号潜艇是德国潜艇部队中赫赫有名的"王牌潜艇"，舰长普莱恩是德国的"民雄英雄"，而U–99号舰长克里奇默尔少校也是击沉10万吨以上舰船的"王牌潜艇"的"民雄英雄"。

U–70号潜艇和U–99号潜艇从东面向护航运输队靠近。U–70号潜艇的艇长迫不及待地向舰员们下令进入战斗状态。

U–70号潜艇尾随英国护航船队尾部的几艘商船。鱼雷发射器已经准备好了，舰长焦急地等待着潜艇靠近商船。

"发射！"舰长下令。两枚鱼雷由舰首飞出。

"轰"的一声，鱼雷将一艘商船击沉了。U–99号潜艇也连续向英国商船发射了几枚鱼雷。很快，英国运输船队少了几艘商船。

英国驱逐舰飞快地冲向潜艇。克里奇默尔和斯普克立即慌了手脚，立刻下命令下潜，以躲避驱逐舰的进攻。

英军驱逐舰用声呐套住了目标，深水炸弹似雨点般投向潜艇。随着炸弹的爆炸声不断地响起，U–70号潜艇被炸沉了。

U–99号潜艇被炸得被迫浮出了水面，克里奇默尔指挥潜艇拼命东躲西藏，艰难地逃脱了。

幸亏 U-47 号潜艇没有暴露，普莱恩心想。

3 月 7 日清晨 4 时 24 分，暴风雨降临，狂风卷起巨浪，扑向在海上航行的运输船队。普莱恩暗暗窃喜，下令向前靠近。

这时，英国"黑獾"号驱逐舰利用雷达发现了 U-47 号潜艇。驱逐舰投射的深水炸弹将 U-47 号潜艇的推进器炸毁。

"黑獾"号不停地投射炸弹，直到深水炸弹用光为止，U-47 号潜艇沉入了海底。

3 月中旬，气候变暖，阳光照射在广阔的大西洋上，映起道道金光。

U-110 号潜艇像在海洋上到处巡逻，经常浮出海面四处了望，寻找英国商船。3 月 16 日中午时分，舰长林柏少校指挥潜艇浮出水面，水兵们爬出潜艇晒太阳。

林伯用望远镜到处观望，在远方冒出滚滚浓烟。林柏马上回到舱内，

美国造船厂内正在生产新潜艇

利用无线电召唤在附近海域的 U-99 号和 U-100 号潜艇。

3 条"老狼"白天不敢下手,远远地跟在英国护航船队的后边。

黄昏,负责护航的 5 艘驱逐舰和 2 艘护卫舰向附近海域搜寻。舰上的声呐发现了 U-100 号潜艇。3 艘驱逐舰马上扑了上去,用深水炸弹发动攻击。

克里奇默尔少校趁机指挥 U-99 号潜艇冲进船队,用鱼雷进攻商船。6 艘商船被击中后沉没,其他商船连忙向驱逐舰呼救。

正忙着轰炸 U-100 号潜艇的英军舰接到呼救信号后,被迫赶去救援。U-99 号潜艇在击沉了 6 艘商船后,悄悄地藏了起来。

U-100 号潜艇的艇长斯普克不愿空手回去,指挥潜艇尾追英护航船队。第二天凌晨,U-100 号潜艇偷偷地浮出海面。

斯普克没有料到,一艘英国驱逐舰冲了上去,锋利的舰首把 U-100 号潜艇拦腰撞断,斯普克以下全体舰员葬身鱼腹。

一会儿,英国"徘徊者"号驱逐舰的声呐找到了藏在海底的 U-99 号潜艇,大量的深水炸弹炸得 U-99 号潜艇浮出了水面。英军舰俘虏了 U-99 号潜艇。

1941 年 6 月 22 日,希特勒出动 166 个师向苏联发动了全面进攻。

6 月 23 日,罗斯福总统授权国务卿塞姆纳尔·威尔斯发表声明。声明宣布,哪怕要给共产主义国家提供援助,也要阻止法西斯。美国把冻结的近 4000 万美元的苏联资产还给苏联,宣布《中立法》不适用于苏联,将向苏联提供援助。

美军已经进驻冰岛,即将代替坚守冰岛的英军。这是罗斯福的一招妙棋,目的在于通过某种事件,惹起希特勒先进攻美国,以促使美国国会宣布向德国宣战。

7 月中旬,希特勒向日本提出一项建议,要求日本不要再保持中立。希特勒说:"我的意见是,我们先不要惹美国,等我们消灭苏联后,再联手消灭美国。"希特勒还表示欢迎由日本去瓜分苏联在远东地区的领土。

7月26日，罗斯福下令冻结日本在美国的资产，对日本实施禁运政策。

日本政府认为，这是美国、英国、中国和荷兰包围日本岛国的最后一步，对日本的生存构成了巨大的威胁。

1941年12月7日，日军偷袭了美国珍珠港，太平洋战争爆发。希特勒愤怒地把拳头砸到桌子上，大骂："这帮日本猴子连招呼都不打，就在暴发户的屁股上扎了一刀……"

12月11日，德国和美国几乎同时向对方宣战。

"狼群"在美洲

长期以来，德海军潜艇舰长们对美国一直憋着一股劲，如今，它们终于如愿以偿了。

1941 年 12 月，德潜艇部队在大西洋开展潜艇战一年多了。

邓尼茨采用灵活机动的潜艇战术，曾经给英国的海上运输线造成巨大的破坏。由于英国在大西洋采取了更加严密的海空护航体制，几个月以来，德潜艇的战绩不断下降，邓尼茨认为必须选择新的"幸运之海"了。

在一次会议上，邓尼茨对舰长们说："在美国海域发动潜艇战给我们带来了有利的条件。在那些辽阔的海域，无数的商船都将成为我们的进攻目标。我们可以把进攻的重点由一个地区移到另一个地区，使美护卫舰队被迫在我们面前围追堵截，疲于奔命。美国海域，是德国海军潜艇尚未开发的处女地，必须在美海空军强大以前先下手为强。"

会后，邓尼茨向雷德尔建议，马上出动 12 艘潜艇赴美洲作战。然而，邓尼茨的请求没有得到批准。雷德尔元帅不敢削弱地中海的潜艇力量，害怕引起希特勒的不快。

12 月 16 日，5 艘德国潜艇陆续离开德军基地，横越大西洋，前往美国海域。这 5 艘潜艇是邓尼茨能派出的最大限度的兵力。

1942 年 1 月中旬，德国潜艇抵达预定的攻击海域，即圣劳伦斯湾（加拿大东南部）和哈特勒斯角湾（美国东岸中部）的中间位置。

德海军艇长们从潜望镜中看到，美国东部沿海一片和平的景象。美国人没有吸取日军偷袭珍珠港的教训，没有料到德国潜艇像饿狼一样扑来了。

大西洋沿岸地区的灯火通宵达旦，用作航海的信号灯、灯塔和灯标的光芒照亮了所有进出港湾的航道。无数商船在航道上亮灯航行，船长们用无线电开玩笑，自报位置……

白天，德海军潜艇在距商船航道几海里的地方潜入 50 ～ 150 米的水中。黄昏，它们靠近海岸，浮出水面，在商船之间往返攻击。

1 月 18 日夜，乌云密布，海面上飘来刺鼻的腥味。北卡罗来纳州的哈特勒斯角海域，商船在航道上忙碌着。

在航道外侧附近，海面下升起一个黑色幽灵，能够看到上边的标记——"U–123"。U–123 号潜艇的舰长是哈德尔根上尉，哈德尔根在海面上，观察着往来的商船。

很快，哈德尔根从望远镜中发现一艘美国万吨级商船，亮着灯缓缓驶来，他马上命令潜艇追了过去。潜艇发射一枚鱼雷，瞬间，商船逐渐沉入海底，海面上又平静了。

随后，先后有 3 艘商船路过，只有 1 艘岸防巡逻艇护航。哈德尔根认为吨位太小，不值得浪费弹药。他在寻找更大的商船。

哈德尔根发现商船航道用灯光浮标作了标记，商船都在浮标的左侧行驶。哈德尔根指挥潜艇顺着浮标线前进，驶入许多商船的停泊地。这远远超出了哈德尔根的意料。

哈德尔根快打不过来了，又击沉了一艘巨轮。一会儿，又有 5 艘商船亮着火，排成行徐徐驶来，最前面的是 8000 吨的油船。哈德尔根马上下令射击，潜艇甲板上的火炮炮击油船。油船的冲天大火辉照着德国潜艇，哈德尔根又发射鱼雷击中了几艘大商船。

U–123 号潜艇离开锚地后，留下了不断的爆炸声和哭嚎声……

哈德尔根向邓尼茨发报说："如果有两艘大型布雷潜艇就太好了。或者有 10 艘、20 艘潜艇，那该多好啊！那样，每艘潜艇都能吃饱。我经常看到几十艘大货船，全都亮着灯，贴着海岸航行。"

同时，邓尼茨还收到了在美国东海岸其他地方攻击的潜艇舰长们发回的捷报。

邓尼茨露出了微笑，几天中，指挥中心充满了欢笑。潜艇部队的士气不断地上升，邓尼茨为艇长们的战绩感到骄傲。但他知道，这与美国人的麻痹是分不开的。

1月份，这5艘潜艇创下了引人瞩目的战果：U–123号潜艇击沉了8艘（5.3万吨），U–66号潜艇击沉了5艘（5万吨），U–130号潜艇击沉了4艘（3.1万吨）。被击沉的商船70%是油船，当时的情景惨不忍睹。

就像邓尼茨所估计的那样，派去加拿大沿海新斯科舍半岛—纽芬兰海区的潜艇，碰到了重重困难。新斯科舍半岛—纽芬兰海区的天气恶劣，雾、大雪、风浪和寒冷阻碍了潜艇的活动，使鱼雷很难击中目标。

1942年1月18日午夜，在布雷斯顿角以东15海里处，一艘德国潜艇改航后向前驶去。商船已经发现潜艇将对其进行攻击，马上快速逃跑。

潜艇努力与商船保持平行，冰冷的海水拍打着潜艇，甲板上结满了冰。潜艇准备从很远的距离发射鱼雷……

结果，鱼雷擦过了商船。当潜艇刚要向右转向，用艇尾鱼雷射击商船时，一艘美国驱逐舰向潜艇扑来。

等潜艇刚转过身来，美国驱逐舰几乎撞上了潜艇。潜艇立即下潜，由于柴油机气压阀门冻住了，8吨重的海水进入舱内，潜艇沉入了海底。

虽然沉在岩石上很难受，但总比被美国驱逐舰干掉要强。美国驱逐舰没有投掷深水炸弹，主要是因为深水炸弹投放装置被冻住了。

事后，潜艇舰长回想起来还心有余悸，这种"猫捉老鼠"的游戏不知什么时候才会结束。

邓尼茨把满载燃料的中型潜艇由比斯开湾派往美国东海岸，直到纽约和哈特腊斯角附近海域。

与此同时，邓尼茨把攻击的目标放在更远的加勒比海。加勒比海有两个防御薄弱的地方。一个是荷属库拉索岛和阿鲁巴岛附近地区，每天出产汽油 6000 万加仑；另一个地方是特立尼达岛附近地区，大批货船从这里经过。

邓尼茨把 5 艘大型潜艇派往加勒比海。德国潜艇在加勒比海击沉了许多油船。加勒比海变成死亡之海。夜晚空气中经常弥漫着浓烟，海面上漂浮着遇难的海员，精疲力竭的海员系着救生带，或者坐在小船上，拼命地在又浓又粘的重油层上划动，同时躲避着熊熊的烈火……

从 3 月中旬到 4 月末，是德军潜艇的黄金期。

U–123 号潜艇击沉了 11 艘，U–124 号潜艇击沉了 9 艘，U–160 号潜艇、U–203 号潜艇以及 U–552 号潜艇分别击沉了 5 艘。

这 5 艘潜艇凶狠无比，连逃生的船员都不放过。4 月 1 日晚，它们击沉"阿特沃特"号煤船后，对船员和救生舢板进行了扫射，血水染红了海水。

德国潜艇的行动，严重破坏了同盟国的海上交通线，同盟国的商船损

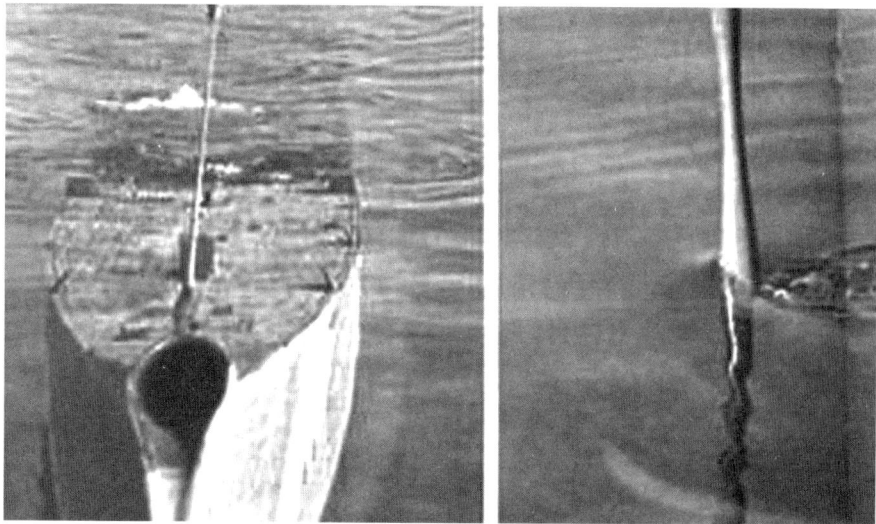

潜入水中的德军潜艇

失更是惨重：

1月，德军击沉运输船23艘14万吨，2月份击沉10.3万吨，3月份击沉15.9万吨，而德国则没有损失一艘潜艇。

巨大的损失极大地震动了美、英和加拿大，美国开始加强美国海域和大西洋沿岸的护航和警戒兵力。

美国于4月18日正式在美国东海岸实施了灯火管制，陆军负责岸上强制性地实施。

一天，纽芬兰海域。美国飞行员威廉·提普尼中尉驾驶飞机，作例行的猎潜飞行。

很快，在雷斯角附近海域找到了从水下刚浮出来的德U-156号潜艇。提普尼立即用无线电向总部报告，同时驾驶飞机立即抢占有利位置。

很快，提普尼投掷深水炸弹进攻德国潜艇。"轰隆隆"的巨响不断传来，潜艇在浓浓的水雾中剧烈地摇摆。

提普尼不肯放过德国潜艇，又驾驶飞机进入攻击位置，向潜艇发动猛烈射击。

突然，潜艇上的德国水兵使用甲板上的防空炮进行反击。"轰"的一声巨响，飞机剧烈地振动起来。潜艇发射的炮弹命中了飞机的副油箱，引发了浓浓的黑烟，连副翼都很难操纵了。

提普尼连忙调整飞机的位置，撤出了战场。

提普尼的攻击没有击沉德国潜艇，但德国潜艇已经无法下潜了。一个小时后，梅森上尉驾机飞来，看着伤痕累累的德国潜艇，他冒着防空炮火，投掷了深水炸弹。

对于U-156号潜艇来讲，这是最致命的一击。很快，潜艇带着艇员们，缓缓地沉入冰冷的海域。

这是美国海军在美洲海岸首次击沉德国潜艇，增强了美国海军取得猎潜战胜利的信心。

当时，美国东海岸保护航运和对潜防御的陆军航空队，已经隶属于美国东海疆区司令海军中将安德鲁斯，担负对潜防御的飞机已经达到300多架。

不管怎样，美军已经把战争初期的不利局面扭转过来，美国将使用飞机和军舰，对付数量不多的德军潜艇。

4月13日夜，美老式驱逐舰"罗珀"号在诺福克外侧海域，以18节航速往返巡逻时，舰长霍斯少校接到报告："前方发现潜艇"，舰长命令加速，同时下令准备作战。

很快，舰上铃声大作，水兵们跑到各自的岗位，雷达锁定了潜艇，深水炸弹准备投射……

当驱逐舰距潜艇约640米时，潜艇发射了鱼雷，鱼雷飞快地向驱逐舰撞来，驱逐舰立即躲避。鱼雷紧擦着舰舷飞了过去。

驱逐舰距潜艇约274米时，用探照灯照射。驱逐舰上的水兵们清楚地看清了潜艇艇首附近的"U-85"字样。

驱逐舰的火炮和机枪同时向潜艇射击，当德国潜艇准备下潜时，很多炮弹命中了潜艇的水线部分。很快，驱逐舰投掷了深水炸弹。

第二天，驱逐舰发现了浮上来的29具德军死尸，随后找到了海底的U-85号潜艇，

4月20日，U-701号潜艇从法国洛里昂军港出发，驶向美国东海岸。U-701号潜艇的舱内装满了水雷。

5月12日，U-701号潜艇到达美洲海岸。夜间，潜艇在切萨皮克湾入口处投了15颗水雷。

这些雷阵严重威胁着进出诺福克港的商船，当一艘油船触雷沉没后，运输繁忙的诺福克港被迫停止使用，商船们都远远地避开它。在扫雷以前，又有3艘商船触雷沉没，就连美海军的1艘驱逐舰和1艘油船也触雷受损。

几天来，U-701 号潜艇逃过了 1 艘警戒舰的攻击。当警戒舰发现 U-701 号潜艇时不敢靠近攻击，而是远距离地胡乱投掷深水炸弹，U-701 号潜艇趁机逃跑了。

6 月 19 日拂晓，U-701 号潜艇在哈特勒斯角附近浮出水面，靠近 1 艘警戒船。

德国潜艇用火炮和机枪发动进攻。警戒船进行了还击，可是船上 70 毫米火炮出现故障了，投掷的深水炸弹由于水浅而无法爆炸，很快，"猫"被"老鼠"击沉了。

后来，U-701 号潜艇找到了两支护航运输队，它用鱼雷射击一艘英国油船。警戒舰利用深水炸弹驱赶潜艇，潜艇受到轻微损伤，"老鼠"再次逃生了。

6 月 28 日中午，U-701 号潜艇进攻有 2 艘警戒舰和 3 架飞机护航的万吨级油船，油船受到重创。警戒舰和飞机向潜艇发动了进攻，但由于猎潜装备很差，没有炸沉潜艇。夜里，U-701 号潜艇偷偷浮上水面，向受到

夜间巡航的美军驱逐舰

重创的油船发射鱼雷，击沉了油船。

7月7日中午，美航空兵哈里·凯恩驾驶一架飞机，在北卡罗来纳州彻里角海域进行猎潜巡逻，看到30海里远的地方有艘潜艇。

不等德国潜艇下潜，凯恩俯冲投掷3颗深水炸弹，把U–701号潜艇炸沉。

7月，美国海军在墨西哥湾和加勒比海域建立了护航体系，并开辟了4条新航线，基本扼制住了德国"狼群"的肆虐。

这样一来，德国潜艇在美洲海域的第二个"快乐时光"就结束了，邓尼茨只好命令潜艇部队重返北大西洋。

邓尼茨维持大西洋战局

邓尼茨不得不停止了潜艇在北大西洋的作战，将绝大部分潜艇撤到了亚速尔群岛的西南海域。

北大西洋亚索列斯群岛位于以英国为基地的飞机的作战半径以外，号称"黑洞"。德国潜艇在这片海域创造了辉煌的战果。

1942年8月14日，德潜艇群一天就击沉了5艘商船。

10月10日，大群德潜艇潜入纽芬兰海域，等待着由雪利港驶出的SC-104船队，到了深夜仍未发现船队的影子。

12日下午，1艘德国潜艇发现了盟军的1艘小型护卫舰，潜艇立即召唤其他潜艇。傍晚，尾随着护卫舰，德潜艇群发现了英国SC-104护航船队。

这支船队拥有47艘商船，只有2艘驱逐舰和4艘护卫舰护航。

暴风减弱了，但夜晚的波涛仍然汹涌，护航舰对潜观察非常困难。德国潜艇群趁机击沉了8艘商船，有一艘是万吨级的船队补给油船。

10月15日夜晚，"派堪特"号驱逐舰发现U-691号潜艇，把潜艇击沉。

驱逐舰"费姆"号用雷达锁定了U-353号潜艇，投掷深水炸弹，U-353号潜艇被迫浮出水面，德舰员弃舰逃生。

10月26日，向东航行的HX-212船队靠近潜艇猎网的中央。猎网中央附近的潜艇主动撤退，侧翼的潜艇立即向船队扑去。

10月28日夜，潜艇群同时向船队进攻，7艘商船沉入大西洋。

几天后，U-509号和U-658号在跟踪商船时被加拿大飞机炸沉。

11 月 10 日，一支船队驶出飞机的警戒范围。潜艇群立即扑了上去。短短两个晚上，15 艘商船沉没。

这支船队逃到以冰岛为基地的飞机的警戒范围后，美国飞机炸沉了 U–32 号潜艇，潜艇群连忙逃跑。

德潜艇群进攻盟国的 SL–125 船队，经过 7 个晚上的进攻，击沉 13 艘商船，而潜艇没有任何损失。

11 月 8 日，当邓尼茨听说盟军已经在摩洛哥成功登陆时，马上命令所有潜艇分赴摩洛哥沿海和直布罗陀海域。

11 月 11 日，盟军在登陆场有大批驱逐舰、护卫舰和飞机保护，陆上还设有雷达。

11 月 11 日，U–173 号潜艇越过盟军警戒线，击沉了 3 艘舰船。

11 月 12 日黄昏，U–150 号潜艇击沉了 3 艘运兵船。

11 月中旬，盟军把海军兵力集中到北非，为运输船和补给船护航。

1943 年 1 月 6 日，雷德尔的海军总司令职务被解除了，希特勒让邓尼茨补上了他的空缺。同时，邓尼茨仍旧担任潜艇部队司令之职。

停靠在港湾里的德军潜艇

邓尼茨上任以后，立即组织批量生产新型的"瓦尔特"潜艇。

"瓦尔特"潜艇以燃气轮机为动力，水下时速达 23 海里。"瓦尔特"潜艇还配置了"T—5"式电动和自导鱼雷，射程达 5700 米，时速为 25海里。

"瓦尔特"潜艇配备了可伸缩的通气装置，可以一直在水下潜航，盟军的雷达测位器很难搜索到它。

"瓦尔特"潜艇在潜望塔四周配置了保护物，用于干扰雷达。同时，"瓦尔特"潜艇的防空武器也加强了。

邓尼茨对"狼群战术"作了进一步提高。他把潜艇布置在中大西洋、加勒比海、墨西哥湾海区，将原先在 200 海里到 300 海里的正面大艇幕作战改成 3 道至 4 道的短艇幕，并依次在航线上展开，让航空兵搜索，引导潜艇进行攻击。

邓尼茨试图重塑德军潜艇的辉煌，而盟国也加大了反"狼群"作战力度。

美国进一步加强了大西洋海域的空中力量，大量解放者式轰炸机从太平洋战场抽至北大西洋海域，4 月中旬，这一海域超远程飞机的数量为 41架，5 月份为 70 架。

仅在 1943 年 4 月 27 日至 8 月 2 日的 97 天里，同盟国在比斯开湾这个狭长水域，就击沉了德国潜艇 26 艘，击伤 16 艘，平均两天击沉或击伤一艘。

邓尼茨感到了飞机对"狼群"的威胁，准备采用新的花招。

在他的指导下，诱击飞机的潜艇改装成功了，编号是"U–441"。U–441 号潜艇拆除了 88 毫米的甲板炮，换成两座装甲炮台，放在指挥室的前后。

两座炮台装有两座四联装 20 毫米机关炮与一座单管 37 毫米半自动炮。这是一组强大的对空火力。

U-441 号潜艇开始了诱击飞机的任务，邓尼茨相信它在战斗中一定会有出色的表现。

驶出布勒斯特不久，就遇上了英国空军第 248 中队的 3 架勇士式战斗机组。

出人意料的是，英国飞机改变了攻击方式，并没有投弹轰炸，而是用 12 门 20 毫米机关炮和 18 挺机关枪对 U-441 号潜艇进行了快速俯冲扫射。

U-441 号潜艇相信自己的武器，根本没想采取最稳妥的下潜躲避办法，而是和飞机进行激烈的对射。

德国海军上将邓尼茨

由于海上的风浪大，飞机的速度快，U-441 号潜艇的防空火器几乎是在乱放空炮，而英机在无线电的指挥下，从四面八方进行着轮番攻击。

在第二轮对射中，勇士式飞机击中了 U-441 号潜艇的要害。机关炮弹射进了潜艇的指挥室和炮位，引起了一阵混乱。有 10 个德国水兵被打死，13 人受伤。

U-441 号潜艇立刻停止了射击。这时，英机大胆地俯冲下来。U-441 号潜艇一看大势已去，赶紧下潜，带伤逃回了海军基地。

邓尼茨又采取了一些加强潜艇自卫能力的措施。如在潜艇上配置四联装高射机枪，改进 37 毫米高射炮，配置干扰雷达的设备，在某些潜艇的船体和指挥室上涂一层专用物质，尽量吸收电磁波。邓尼茨还改进了技术观察仪器，给潜艇装上了声自导鱼雷。

殊不知，同盟国的猎潜措施更绝。美英飞机和水面舰艇除装备了完善的厘米波和分米波雷达，改进声呐器材外，还完善了护航队形的配置和护航勤务工作，尤其加强了护航舰艇和飞机的突击力量。

1943 年 3 月，同盟国在大西洋被击沉的船只为 92 艘，53 万余吨；4 月为 45 艘，25 万余吨。5 月以后，损失明显减少。而德国潜艇的损失却十分惨重。

从 1943 年 1 月至 3 月，德国击沉同盟国商船 10 万吨，要自损 3.8 艘潜艇；从 4 至 6 月，这一比例增加到 10.5 艘。

4 月 28 日至 5 月 6 日，德国潜艇虽然击沉了同盟国 13 艘运输船，却损失了 6 艘潜艇，还有 4 艘潜艇遭到了重创。在以后的 14 天中，损失同样严重。

5 月，德军的 118 艘潜艇中有 38 艘被击沉，损失率达到 30%。

从此，在大西洋战场，邓尼茨的潜艇战处于仅能维持局面状态。

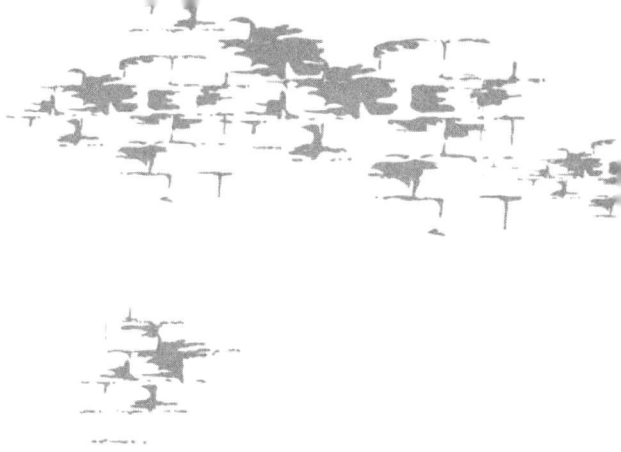

第二章

搏杀马耳他岛

意大利出兵

这次轰炸只给英舰队造成了轻伤，墨索里尼却说这次空袭"歼灭了英国在地中海的舰队的一半兵力"。

马耳他位于地中海中部，面积仅 246 平方公里，在意大利与北非的突尼斯之间。19 世纪初叶，马耳他岛被英国人夺取。1939 年，马耳他岛成为英国的直属殖民地。

马耳他地处地中海东西海空交通线和意大利至突尼斯的南北交通线的交叉点上，距离意大利的西西里岛只有 80 公里。

马耳他的英军轰炸机的作战半径可以到达意大利中部的佛罗伦萨，西可以到达阿尔及利亚的布日伊，南可以到达利比亚，东可以到达希腊的雅典、克里特岛。

1940 年 6 月 10 日，意大利向英法宣战。6 月 11 日，意大利出动几十架轰炸机，向马耳他发动了第一次空袭。

英军在马耳他岛上的空军基地主要有 3 个，即哈尔法尔、卢卡和塔卡利机场，海军基地主要是瓦莱塔港。

当时，英军在马耳他岛只有一支航空部队，有 18 架飞机，包括 12 架战斗机、5 架鱼雷轰炸机和 1 架侦察机。

高炮只有 50 门，40 毫米高炮 40 门，军舰上有 10 门高炮。英军与来袭的意大利飞机展开了激烈的空战。6 月 22 日，英军击落一架意大利侦察机。

7 月后，不列颠空战打响，但英国仍出动飞机和护航运输队增援马耳他岛。

当时，驻埃及亚历山大港海军基地的英国舰队的实力并不强大。另外，英国海军在控制地中海西口的直布罗陀海军基地驻有战列舰、航空母舰和巡洋舰各 1 艘，还有 9 艘驱逐舰。

英国在地中海地区的海军部队在数量上明显比意大利海军少，尤其是作战舰艇和护航舰艇数量更少。

从舰艇的质量上看，双方主力舰的舰龄差不多，都是第一次世界大战以前或者战初建造的。

英国的地中海舰队的旗舰"厌战"号与意大利的两艘战列舰都经过了现代化改装。

意大利即将服役的"利托里奥"级战列舰是新舰，意大利另 2 艘战列舰的改装工程接近了尾声。意大利的 4 艘战列舰上装备了 12.5 英寸火炮，射程比英国战列舰上的 15 英寸火炮的射程远，这使意大利舰队占有优势，使它便于选择交战时间和地点，拥有撤出战斗的主动权，就是说当撤出战斗时，它能够进行有效的防御。

战争爆发时，意大利海军的补给条件比较好，在锡拉丘兹、巴勒莫、布林的西、塔兰托、那不勒斯、墨西拿、奥古斯塔等地都建立了海军基地。凭借如此多的基地，意大利海军能够夺取地中海的制海权，保护行驶于意大利与北非之间的海上运输船队。

另外，意大利海军在北非地区拥有的黎波里港口基地和托布鲁克港口基地。在地中海上作战，意大利海军能够得到陆基飞机的有力支援。

相反，在地中海，英国海军可以停泊的基地只有亚历山大港和直布罗陀，两港相距十分遥远。

因此，英国人认为，马耳他海军基地是英国能否在地中海地区战胜意大利的关键。由于大部分舰艇已经撤离马耳他，马耳他仅剩一个潜艇分队。

基地的防御能力很弱，难以支援水面舰艇部队。原计划向马耳他岛增

运的防空武器，运到的仅有重型高射炮 34 门、轻型高射炮 8 门和探照灯 24 座。最重要的是，计划增派的战斗机中队还没有到来。

至关重要的是马耳他海军基地距离最近的英国海军港口约为 1000 英里。意大利西西里岛距离马耳他约为 60 英里。马耳他的防御情况非常糟糕，让人担心。

许多英国人认为马耳他是没有什么希望了。可是有一个人的看法却完全相反，他就是英国皇家海军地中海舰队的司令官坎宁安海军上将。

坎宁安认为，在海战开始时，意大利海军的主力只不过是 2 艘现代化的旧式战列舰和 19 艘巡洋舰。而英法海军在地中海拥有 11 艘战列舰、3 艘航空母舰和 23 艘巡洋舰。而且，英法两国在地中海地区以外拥有其他舰队，一旦损失就能立即获得补充，因此双方之间兵力的悬殊就决定了海

驻守在马耳他的守军密切注视空中的动静

战的胜负。总体上，意大利的军舰总计为69万吨，而英法海军则是意大利的4倍以上。

1940年6月11日凌晨5时，10架意大利飞机轰炸了马耳他岛上的修船厂和飞机场。接着，意大利飞机接连发动袭击，轰炸的规模大小不等，仅6月份就轰炸了36次。

马耳他岛上的修船厂遭到了破坏，浮船坞被意军炸沉。由于意军飞机的不断空袭，坎宁安被迫从马耳他撤走潜艇部队。这时，英国陆续调来了几架战斗机，6月底，英军守岛部队已经拥有4架"旋风"式战斗机了。另外，舰队航空兵第767中队也到达了该岛。

英国能否实现在地中海地区的战略目标，马耳他岛将发挥关键作用。坎宁安海军上将对此深信不疑。使他感到不放心的是马耳他的防御能力十分薄弱，无法作为发动进攻的军事基地。

为了破坏意大利至北非的海上运输线，大部分作战部队将从马耳他派出。7月1日，坎宁安向英国海军部请示，请求向马耳他增派更多的战斗机和侦察机。在当时的情况下，坎宁安的轻型舰艇部队不敢在马耳他基地加油，更别说在马耳他停泊了。情况虽然很糟，但后来发生的一次海上作战，使英国皇家海军士气大振。

英国早就准备派遣两支护航运输船队，把埃及亚历山大海军基地急需的援军和军用物资从马耳他转送过去，并撤走岛上多余的文职人员。预计执行运输任务的护航船队将遭受意大利军队的打击。英国决定发动一次海上战斗，以使护航运输船队安全通行。

7月7日，坎宁安指挥一支舰艇编队从亚历山大港出征。这支编队由3艘战列舰、1艘航空母舰、5艘巡洋舰和16艘驱逐舰组成。

意海军只有"加富尔"号和"恺撒"号两艘战列舰。坎宁安认为应该趁意大利的其他战列舰还没有建完以前，先干掉"加富尔"号和"恺撒"号。而意海军总司令部则希望意空军能在海战前先把从亚历山大港出发的

英舰队的战列舰干掉，求得双方兵力的平衡。

意海军总司令部出动潜艇和飞机去拦截直布罗陀的英舰队，意舰队护送运输船队于 7 月 8 日晚到达北非的班加西港。意舰队指挥官康姆皮翁尼海军上将向海军总司令部报告说，他正向东航行准备与从亚历山大港出发的英舰队交战。

意海军总司令部拒绝了，因为坎宁安拥有 3 艘优势战列舰，3.1 万吨，各有 8 门 381 毫米舰炮。而意战列舰"加富尔"号和"恺撒"号仅 2.3 万吨，各有 10 门 320 毫米舰炮。

意海军总司令部决定把兵力集中在地中海中部，既能保存舰队的实力，又能保卫爱奥尼亚海海岸，趁亚历山大港的英舰队还没有与从直布罗陀港出发的英舰队会师以前，与之交战。

7 月 9 日整个上午，英侦察机不停地跟踪意舰队。意大利侦察机连英舰队的影子都没有找到。13 时 30 分，意舰队突然遭到英鱼雷机群的攻击。

意舰队成功地躲过了鱼雷，英鱼雷机除了从航空母舰上起飞外，不可能来自其他地方，英舰队肯定就在附近海域。

13 时 40 分，康姆皮翁尼向空军请求轰炸机支援，希望能用轰炸机炸乱英舰的队形。可是，空军轰炸机却在战斗结束时才到达战场。意空军轰炸机群不仅没有轰炸英舰队，而且轰炸了撤向墨西拿的意舰队，幸亏没有造成误伤。

康姆皮翁尼出动一架小型侦察机，很快，意侦察机在 80 海里外找到了英舰队。

15 时左右，意舰队右侧的巡洋舰在看见英舰后马上开火。英"海王星"号巡洋舰受到轻微损伤。双方庞大的战列舰正在互相靠近，15 时 53 分双方开火了。

"鹰"号航空母舰上的鱼雷机发动了攻击，又没有命中意舰。

16 时过后，英战列舰"瓦斯派特"号发射的一颗巨大炮弹击中了意战列舰"恺撒"号,"恺撒"号着起大火,锅炉熄灭了。意巡洋舰"博尔臧诺"号被3颗中型炮弹命中,只受到轻微损伤。英战列舰"瓦斯派特"号在舰尾齐射时,误将一架英侦察机击毁。

意巡洋舰施放烟幕保护"恺撒"号撤退,同时"加富尔"号也撤出了战斗,因为"加富尔"号无力与英3艘战列舰交战。由于烟幕笼罩,遮住了英舰队的视线,英舰队不敢冲进烟幕,担心受到意潜艇和驱逐舰的伏击。

16时45分,英舰队撤出战场。这就是第一次锡尔特湾海战,英国把这次海战叫做"卡拉布里亚之战",是战争史上意海军与英海军的第一次交战。

英舰队向马耳他东南海面行驶。最后,"君主"号战列舰和几艘驱逐舰驶入马耳他港加油,两支护航船队启航,离开了马耳他港,安全到达埃及亚历山大港。

意大利空军在此次海战的前一天晚上曾经轰炸从直布罗陀出发的英巡洋舰"格利塞斯特"号。当英舰队到达巴利阿里群岛南面时,又有少数英舰被意大利空军炸中。

这次轰炸只给英舰队造成了轻伤,墨索里尼却说这次空袭"歼灭了英国在地中海的舰队的一半兵力"。

英国首相丘吉尔对马耳他岛的存亡十分忧虑:马耳他岛是英国在中东地区的希望所在,英国的战略资源几乎都来自中东地区。可以说,一旦中东地区落入德意联军手中,英国就无法对付德国和意大利了。英国被迫用一切手段强化马耳他岛防御。

马耳他岛的日益强化使意大利在地中海地区和西西里海峡的海上交通受到严重的威胁,英国部署的飞机、舰队、潜艇的兵力能在很短距离内发动攻击。马耳他岛的英国飞机能够空袭整个意大利南部。马耳他岛使英国直布罗陀港至埃及亚历山大港之间的英军海空军的活动有了宝贵的基地。

马耳他岛并不是孤独的海岛，而是英国地中海战略图中最重要的部分。马耳他岛处于地中海的中央，整个地中海战场都受到马耳他的控制，意海军的所有行动都能由岛上的侦察机加以监视。

从 1940 年秋季开始，意海军要求政府做出决策，以便尽快采取措施占领马耳他岛。

8 月 2 日，英国的第一批 12 架飓风式战斗机在马耳他岛上降落，组成第 261 战斗机中队。

11 月，英军发现意空军的力量减弱了，就把更多的飞机调入马耳他，加强了轰炸力量，准备发动反攻。英军又增援了布雷汉姆轰炸机 16 架，准备与意空军交战。

11 月 11 日，英"光辉"号航母出动 21 架旗鱼式鱼雷轰炸机，进入意大利南部军港塔兰托，击沉 5 艘战列舰中的 3 艘，击伤大批舰船。

落后的意大利空军无力与英军为敌，墨索里尼只好向德国空军求助，尽管他不想让德国插手地中海事务。1940 年末，希特勒派遣由 400 架飞机组成的德国第 10 航空兵团转向西西里岛。

马耳他岛上的警报每天都响，驻岛英军很快就发现"德国人每次只出动 3 至 5 架轰炸机，在许多战斗机的护航下入侵，一天最多空袭 8 次。德军只轰炸机场和码头之类的军事目标"。德国空军元帅阿尔贝特·凯塞林认为这种持续不断的轰炸战术能够不给英军以喘息的机会。但对英军来讲，他们可以集中防空力量来对付入侵之敌。

德军的空袭进行得非常艰难，德机刚一到达马耳他上空，就遭到上千发炮弹的威胁，德机被迫靠急转弯来躲避。

1 月 10 日，有大批军舰护航的英国船队从直布罗陀启航，向英国在地中海的海军基地马耳他岛运送部队和飞机。

护航的舰只中有 2.3 万吨级航空母舰"光辉"号。"光辉"号是英军最新的航空母舰，有铺着钢板的飞行甲板，对意大利的补给线构成了巨大

对"光辉"号航空母舰进行轰炸的德国"斯图卡"式俯冲轰炸机

的威胁。

德国第 5 空军大队的指挥官汉斯·斐迪南·盖斯勒中将，收到了从柏林发来的命令，必须将"光辉"号击沉。

12 时 28 分，英海军丹尼斯·博伊德上尉站在距离马耳他还有 100 英里的航空母舰"光辉"号的桥楼上，正紧张地注视着天空。

不久前，航空母舰上的一支福尔玛战斗机编队飞往西西里方向，前去拦截 2 架意大利鱼雷轰炸机。在航空母舰的甲板上，另一支福尔玛战斗机编队的发动机引擎已经发动，7 分钟后就能起飞并拦截德军飞机。

与此同时，德军三四十架容克—88 中型轰炸机和斯图卡式俯冲轰炸机从空中扑来。

6 颗重达 1000 磅的炸弹击中了"光辉"号航空母舰，一颗炸弹穿透飞行甲板在油漆库里炸响，大火冲天。一颗炸弹击中二号右舷炮，炮手当

场身亡。第 3 颗炸弹击中了升降平台，一架飞机被炸碎。其余的 3 颗炸弹在航母中心爆炸，飞机库被炸成弓形。"光辉"号航空母舰变成了火葬场。

"光辉"号航空母舰遇到了大危机：飞行甲板被摧毁，战斗机无法起飞和降落。指挥官博伊德命令"光辉"号施放墨黑的烟幕，并以 21 节的速度向马耳他撤退。

一路上，德意飞机又对"光辉"号航空母舰发动了 3 次空袭。晚上 10 时 15 分，"光辉"号在成千上万人的欢呼声中躲进了马耳他的帕拉托里奥码头。

但"光辉"号航空母舰的灾难并没有结束，德国斯图卡式俯冲轰炸机轮番对它进行轰炸。"光辉"号航空母舰的吃水线以下被击穿，海水冲进锅炉房。两周后，"光辉"号航空母舰在黄昏时分秘密撤离马耳他，到达亚历山大港。"光辉"号航空母舰在 11 个月内不能参加战斗了。

从此，将近两年的对马耳他的大规模轰炸开始了。马耳他成为第二次世界大战中遭到轰炸最严重的地区之一，约有 1.4 万吨炸弹落在马耳他岛。

1941 年 4 月 8 日，由 4 艘最先进的驱逐舰组成的马耳他打击舰队，在坎宁安的指挥下加强了对德意海上运输线的封锁。德意与英国对地中海制海制空权的争夺战更加激烈了。

5 月，德国空军第 10 军被调往其他战区。英国利用德国空军兵力转移的大好机会，向马耳他增派空军。

英军知道只要封锁了意大利的海上运输线，就能够在非洲战区打败德意联军。英军发挥了非常有效的飞机与潜艇的协同战术，互相引导对方从事进攻或者召唤对方去干掉自己所破坏的舰船。

英军对意大利运输船队的攻势越来越猛，意大利被迫于 1940 年 10 月动用驱逐舰来运载军队，却无力为数量庞大的运输船队护航。

1941 年 6 月，意大利送往北非的补给为 12.5 万吨。10 月，意大利送往北非的补给锐减至 6.1 万多吨，损失率达 20%。

从 1941 年 10 月起，英国民航飞机也载运补给品到马耳他岛并运回伤员。飞机的起降和补给品的装卸都必须在夜里进行。

11 月 8 日下午，一架英军侦察机在返回途中，侦察到由 7 艘商船、2 艘油轮、10 艘驱逐舰组成的"杜伊斯堡"船队，马上召唤马耳他舰队发动进攻。9 日零时过后，马耳他舰队拦截了这支庞大的船队。

英舰用舰炮和鱼雷发动了强大的攻势，意大利商船和油船纷纷躲避。负责护航的意大利海军驱逐舰队迅速向船队驶来，当灾难发生时，它们的回援已经太晚了。

在英舰攻击商船的时候，意大利驱逐舰经常刚一露面就遭到马耳他舰队的进攻，意大利驱逐舰连忙撤退，每次都在烟幕的掩护下逃跑。

这次战斗的后果对意大利是个大灾难。7 艘商船全都沉没，还有 2 艘驱逐舰沉没，2 艘驱逐舰遭受重创。

马耳他危急

在最危难的时候，英军守岛部队投入的战斗机很少，但仍然坚持空战，保证很多将马耳他岛作为中途基地的飞向埃及的飞机能够起飞。

11月18日，英国陆军在北非发起了"十字军远征"的进攻，驻守马耳他岛的英国海空军对意大利的补给线发动了更加凶猛的进攻。

意大利的海上运输几乎被完全封锁，陷入大危机之中。正在北非和英军进行冬季决战的德军元帅隆美尔，由于兵力、装备、弹药、给养严重不足而被迫败退。

战前意大利海军反复强调占领马耳他岛是对英战争取得胜利的基本条件，并且制定了攻占马耳他的计划，但被墨索里尼否定了。

北非德意联军补给问题的核心是与英军在马耳他岛的空军优势分不开的。意大利所有的麻烦都来源于马耳他，在战争初期没有攻占马耳他岛和突尼斯的小小错误，后来付出了意大利和德国在非洲战区惨败的代价。

北非战场的恶劣形势引起了希特勒和墨索里尼的忧虑。德国海军总司令雷德尔和德国非洲军司令隆美尔等早就要求，向北非战场投入更多的兵力，占领英国的中东资源基地。再从中东进攻苏联南部。

希特勒不愿抽调苏德战场的兵力，但也不得不把德国空军第2航空队调到了意大利，任命凯塞林元帅担任南方战线总司令。

另外，德国和意大利加强了在地中海的海军力量，取得了地中海的海空军力量的优势。面对有利的形势，雷德尔对希特勒说："目前，地中海的形势明显对我们有利，可能将来再也不会出现了。许多情报表明，英国正以巨大的努力将一切可能的部队源源不断地运往北非……所以，尽快占领马耳他是最重要的事情。另外，对苏伊士运河发起的进攻，不能晚于1942 年。"

雷德尔进一步建议：

"若德国和意大利不攻占马耳他岛，德国空军必须用现在的规模继续轰炸马耳他岛。只凭空袭就能阻止英军在马耳他岛重建进攻和防守的力量。"

德国和意大利两国最高统帅部宣布了攻占马耳他岛的计划：意大利海军舰队掩护登陆战，提供登陆用的船只，由"特种海军部队"训练登陆部

凯塞林（前）视察

队；德国陆海空军给予强有力的支援。

1941 年 12 月，希特勒指示地中海战区的德军，规定 1942 年的任务为："取得意大利南部至北非间的制空权和制海权，保证通往利比亚及昔兰尼加省的海上运输线的安全，特别是要不惜一切代价对付马耳他……切断英军途经地中海的交通线以及英国由托布鲁克港和马耳他之间的补给线。"

希特勒把第 2 航空队调到了西西里岛，支援意大利海军作战，加强对马耳他岛的空袭，对马耳他进行海、空封锁，压制马耳他岛。

在登陆部队积极准备的同时，德国第 2 航空队对马耳他进行长期激烈的轰炸，大规模炸毁马耳他岛的防御体系。意大利海军在德国空军的支援下切断了英国对马耳他岛的补给线。

1941 年 12 月上半月，每天轰炸马耳他岛的飞机不足 10 架，至下半月就增加到 30 架。

1942 年 3 月的轰炸更加频繁，每天出动 80 架轰炸机进行俯冲轰炸。

3 月 8 日，368 架德军轰炸机投了 76 吨炸弹。频繁的轰炸使马耳他岛的机场和跑道密布弹坑，防空工事变成了废墟，港口瘫痪了。英国地中海马耳他分舰队撤到了北非的海军港口。

德意两国海军舰艇在空军的大力支援下对马耳他加强了封锁，阻挠英国海军对马耳他岛提供补给。

英海军在冒险进行新的补给航行以前，曾做过许多试探的工作，包括在亚历山大港附近举行了保护运输船队的军事演习。

1942 年 3 月 20 日上午，一支由 4 艘商船组成的英军运输船队在防空巡洋舰"卡尔利塞耳"号和 6 艘驱逐舰的护送下离开亚历山大港。

20 日晚，英巡洋舰"埃及女皇"号、"尤利阿里斯"号、"狄多"号以及 11 艘驱逐舰也加入到护航舰队之中。

21 日上午，英国驻北非第 8 集团军发动一次进攻，把在北非地区的意德飞机吸引到前线上。这样，在北非的意德飞机就没有在海上执行侦察任务。

意大利和德国的其他侦察机的注意力都被巴利阿里群岛以南的英航空母舰和在突尼斯以北的两艘英鱼雷艇给吸引住了，英军施展的手段都成功了。

21日下午，在东地中海，意潜艇"普拉廷诺"号和"昂尼切"号发现了英运输舰队。意海军总司令部马上命令由"果里齐亚"号、"特兰托"号和"邦德尼尔"号组成的巡洋舰队率4艘驱逐舰从墨西拿港启航。同时命令战列舰"利托里奥"号率领4艘驱逐舰从塔兰托港启航。这次行动的总指挥官是伊亚金诺上将，旗舰是"利托里奥"号。

21日晚，英巡洋舰"贞妇"号和1艘驱逐舰由马耳他岛启航去支援运输舰队。

22日上午，英军舰船集结完毕，拥有5艘巡洋舰和18艘驱逐舰，对付意军的1艘战列舰、3艘巡洋舰和8艘驱逐舰。

当时，马耳他岛守军的处境艰难，在整个航行期间英机都没有看见意舰。伊亚金诺上将认为一定能够突然袭击英舰队。可是，有一艘在意大利塔兰托港南面巡逻的英潜艇却发现了意舰队。

英舰队立即改走更加向南的航线以避免接触意舰队。与此同时，强烈的风暴由南方卷起，驱逐舰受到海浪的威胁，意舰队被迫以不足22节的速度航行。

意驱逐舰"格勒卡勒"号的机器发生了故障，被迫返回塔兰托港，结果战列舰"利托里奥"号只剩下3艘护卫驱逐舰了。

14时24分，位于"利托里奥"号以南60海里的意巡洋舰队发现了英巡洋舰。英巡洋舰以为对方是意舰队的3艘战列舰，赶紧施放烟幕。

意巡洋舰队连忙向北方撤退，目的是吸引英舰队。英舰队发现对手只是3艘意巡洋舰后，连忙向北面追击。

14时35分，当英舰船刚冲出烟幕时，意巡洋舰队立即开火。英舰队

撤退并施放烟幕。当英舰队撤退时，意巡洋舰队立即跟踪，当英舰队向前追击时，意巡洋舰队又向西北撤退。这样持续了约一个小时，双方都没有受到损伤。

与此同时，英船队趁机在"卡尔利塞耳"号巡洋舰和6艘驱逐舰的护送下向南航行。

16时18分，战列舰"利托里奥"号率3艘驱逐舰与巡洋舰队会合，当时风力很大，再加上有浓雾。英舰队躲在烟幕中，不断地施放烟雾直到19时30分天色完全黑暗为止。

英驱逐舰每次都受到意战列舰"利托里奥"号的打击，但损失很小。英舰队的烟幕战在巨浪的帮助下成功了，他们躲在意战列舰的射程之外，并尽量拖住意舰队。

英舰队相信天黑后，意舰队会撤离战场，因为天气条件恶劣和意驱逐舰数量不足。

意舰队看透了英舰队的意图，于18时30分继续靠近并射击。英舰队的一些驱逐舰拼命向"利托里奥"号进攻，"利托里奥"号381毫米巨炮的强大火力给予英驱逐舰以重大损伤。不过，"利托里奥"号也被迫躲避英驱逐舰发射的鱼雷。

18时51分，意舰队向北面撤退。

在这次海战中，英巡洋舰"埃及女皇"号后炮塔多处被击中。英驱逐舰"哈伏克"号被炮火击中，受到轻微损伤。英驱逐舰"罗马军团"号、"捕鲸枪"号和"活泼"号受到重创，"金斯敦"号驱逐舰被击中后起火。

满载货物的4艘英商船及其护航舰队准备当晚到达马耳他岛，趁空袭还没有开始以前卸货，可是海战使它们到达马耳他的时间晚了4个小时。

德国空军第二天清晨发动空袭时，英军船队刚刚到达马耳他岛以南海域，1艘被炸沉，1艘遭受重创，被迫搁浅。3月24日、25日，德国空军对马耳他岛发动大规模空袭，将英国驱逐舰"罗马军团"号、货船"布雷坎郡"号、"庞帕斯"号和"塔腊博特"号炸沉。25，900 吨货物中，只有 5，000 吨交到了马耳他岛的英军手中。马耳他在以后的 3 个月中，没有得到给养。

马耳他英军顽强地抗击着德军的空袭。英国皇家空军驻守马耳他，为马耳他的生存而忘我地战斗着。在最危难的时候，英军守岛部队投入的战斗机很少，但仍然坚持空战，保证很多将马耳他岛作为中途基地的飞向埃及的飞机能够起飞。当战斗机起飞作战，地勤人员为下次战斗进行地勤保障时，步兵们忙着修理被炸坏的飞机场。

马耳他岛处于危难之中，守岛英军司令多比将军非常焦虑。3 月间，多比将军报告说局势危急；4 月 20 日，多比又报告说："如果再不给我们补充供应品，尤其是粮食和装备，那么，无法想像的一步就会来临，来得会非常快……这是守岛英军生死存亡的大问题。"

丘吉尔对马耳他岛的存亡非常忧虑。马耳他岛是大英帝国在地中海地区所有希望的关键。丘吉尔命令海军部从距离马耳他岛 1000 公里的"鹰"号航空母舰上起飞喷火式战斗机增援马耳他岛，每次增援 16 架。

4 月和 5 月间，从美国"黄蜂"和"鹰"号航空母舰上起飞的英国 126 架飞机到达了马耳他岛，使守岛英军实力大增。

5 月 9 日和 10 日，马耳他岛英国空军多次升空，与前来袭击的德意空军展开了空战。凯塞林被迫下令放弃对马耳他岛的白天轰炸。

5 月 9 日，"黄蜂"号航空母舰又向马耳他岛增援第 2 批喷火式飞机。

这时，马耳他岛仍处于德意海空军的封锁和空中打击下。6 月中旬，英军运输船队在海空军的护送下，由东西两面向马耳他岛驶去，在德意海空军的打击下损失很大。

17 艘补给船中有 2 艘到达马耳他岛，其他运输船和护航舰队被迫回到埃及。马耳他岛仍处在危难之中。

这时，马耳他的厄运快结束了。

执行任务归来的战机降落在"黄蜂"号航空母舰甲板上

早在 4 月 29 日至 30 日，希特勒与墨索里尼会晤，商讨北非地中海战场日后的战略目标。就在这次会晤中，希特勒做出了一项关于北非地中海命运的大决定：推迟攻占马耳他岛。

德国南线元帅凯塞林听说后非常失望，就像快到手的猎物又逃掉一样难受。

推迟攻占马耳他岛的决定，成为轴心国在地中海地区战争中最致命的错误。从此，轴心国在地中海地区开始走下坡路了。

1942 年春，轴心国尽管有远征中东的庞大计划，可是其能够依赖的是一条往返地中海靠不住的海上运输线、一些吞吐量较小的利比亚港口和北非沿海的狭长阵地。

在 1942 年中，轴心国还遇到了最大的困难：德国缺少足够的兵力从巴尔干地区发起一场联合攻势。土耳其已经不站在轴心国一边了。地中海东部的阿拉伯国家，恢复了对英国的殖民依赖，阿拉伯国家把领土提供给同盟国作为盟军预备队休整的中心。

轴心国部队占领区以西的西班牙，日益倾向于同盟国。在轴心国占领区的翼侧和后方是法属北非，轴心国对法属北非的重要性没有足够的重视。

5月中旬，凯塞林被迫把第2航空队的主力部队调到东线。德国和意大利停止了对马耳他攻击，解除了对马耳他的封锁。英国连忙加强马耳他岛的空、海军兵力。

同时，美国航空兵参加了地中海作战。5月底，盟军在整个地中海的很多地区都建立了空中基地，恢复了战斗力和防御力，特别是在马耳他岛。

从4月19日至6月5日，航空母舰给马耳他岛提供了178架战斗机。最重要的是，调到马耳他的新型鱼雷机的作战半径更大，由1939年的100海里提高到1942年的400海里，超过了地中海的范围。

结果，德国、意大利的运输船采取最远的迂回航线都无法逃过英国飞机的进攻，甚至巴迪亚、托布鲁克和马特鲁港内的德国和意大利舰船都很难逃过被鱼雷机袭击的厄运。

这时，轴心国已经无法保护运输船队免受英国飞机的攻击。凯塞林被迫集中力量轰炸马耳他岛的机场。在一次轰炸中，德机投了700吨炸弹，炸毁了17架飞机。然而，德国轰炸机遭到英国战斗机的围攻，损失飞机65架，英军损失了36架战斗机。

"基石"护航

一场激烈的西地中海海战即将开始了。

自从 1942 年 6 月英国开往马耳他的护航船队被击溃后，英国不敢再进行护航战役。高射炮弹和航空汽油等重要物资，由快艇和潜艇运到马耳他。

守军面临的饥饿问题未能得到解决，从 1942 年 3 月至 8 月仅有 2 艘受创的补给船开到马耳他。马耳他严重缺乏面粉和弹药，若得不到及时足够的补给，英国守军将难以坚守。

于是，英国政府决心在 8 月中旬发动一次护航战役，派庞大的运输船队到达马耳他，代号为"基石"。英军统帅部知道，只要昔兰尼加掌握在德意手中，船队无法由东部驶入马耳他岛。

英国船队需要再次集结力量从直布罗陀打开通路。为此，英国集结了一支包括现代化巡洋舰和驱逐舰在内的大型护航队，用来对付意舰队。与此同时，英国和埃及加强了马耳他岛的空军力量。

7 月初，英军统帅部把被迫撤出马耳他岛的潜艇派回，恢复进攻基地的作用。7 月 20 日，第 1 艘潜艇到达马耳他。

7 月底，英军在马耳他的飞机数量进一步增至 260 架。8 月末，盟国空军转守为攻，完全取得了马耳他海空域的控制权。

8 月，英军潜艇部队击沉 7 艘意大利和德国的运输船，总吨位为40 043 吨。

8 月 10 日晨，英国 14 艘货船由直布罗陀出发，穿过直布罗陀海峡朝马耳他方向驶去。护航舰队有，载有 72 架战斗机的"鹰"号、"无敌"

号、"胜利"号航空母舰，第 4 艘"暴怒"号航空母舰载有送往马耳他的战斗机；还有 2 艘战列舰、7 艘巡洋舰、24 艘驱逐舰、8 艘潜艇和 20 多艘小舰。这支护航力量是整个地中海海战中最强大的，可见英船队这次行动至关重要。

8 月 5 日，意大利海军总部已经从情报部门处得知，英海军计划在西地中海展开一次更大的行动。9 日至 10 日晚，德意进一步得知，一支庞大的英船队分成若干群正穿过直布罗陀海峡向东驶去。

根据这个重要的情报，德意两国最高统帅部马上部署兵力想拦截这次航行。因为缺乏燃油而无法出动战列舰，德意联军只好派出了大批飞机、21 艘潜艇、若干巡洋舰、驱逐舰和鱼雷艇，在西地中海设置了 5 道拦截线，企图迫使英国船队分散兵力，再由意大利巡洋舰队把它消灭。

一场激烈的西地中海海战即将开始了。

8 月 11 日，英国船队通过了巴利阿里群岛与突尼斯之间的 7 艘德意潜艇组成的封锁线。航空母舰"鹰"号被德国 U—73 号潜艇击沉。下午，英军 37 架飞机从航空母舰"暴怒"号上起飞，飞往马耳他岛，"暴怒"号航空母舰开始返航。半路上，"暴怒"号航母遭到意潜艇"达加布尔"号的攻击，英国驱逐舰随即还击，击沉了"达加布尔"号。

日落时，德意飞机开始猛烈轰炸，潜艇不断攻击，但只给英国船队造成轻微的损失。

8 月 12 日上午，英国船队通过撒丁岛以南时，德意空军发动猛攻，使"无敌"号航空母舰和几艘运输船受到重创，德鱼雷攻击机击沉了 1 艘驱逐舰。

当晚，英国主要舰只返航。运输船队由 4 艘巡洋舰和 10 艘驱逐舰护送，继续朝马耳他驶去。这时，除了 1 艘货船"杜卡利昂"号受轻度损伤外，其他均未受损。

船队到达由 6 艘意潜艇组成的邦角区域的封锁线时，船队遭受重创。

意潜艇击沉了防空巡洋舰"开罗"号和4艘运输船，英巡洋舰"尼日利亚"号遭受重创。"开罗"号和"尼日利亚"号巡洋舰是作战护航的控制中心，它们损失后船队陷入混乱。

德意轰炸机和鱼雷机又将英巡洋舰"曼彻斯特"号、1艘油轮和2艘运输船击沉。8月13日上午，德轰炸机攻击英船队，又击沉了2艘弹药船。不久，马耳他的战斗机前来救援，剩余船只才脱离了险境。

13日晚，5艘运输船运送3.2万吨货物到达马耳他，有1艘油轮运来了守岛英军急需的航空燃油。在这次海战中，德意海军和空军击沉了英国1艘航空母舰、2艘巡洋舰和9艘运输船。德意损失了60架飞机、2艘潜艇，2艘巡洋舰受到重创。

虽然没有拦住英船队的运输行动，但这是意大利海空军在第二次世界大战中取得的最大一次胜利，也是德意在地中海海战中的最后一次胜利。

载有送往马耳他战斗机的"暴怒"号航空母舰

英国增援地中海

　　每当德意空军对马耳他岛的攻势加强时，北非战场形势就有利于德意部队。反之，战场形势则对英军有利。

　　1942年10月，英军在地中海的海军兵力快速发展，达到了惊人的程度，其舰艇比原来增加了近1倍，多达114艘。意大利的舰艇只增加了10艘，才78艘，各类舰艇比半年前仅增加2至3艘。这时，英国海军占有绝对优势。

　　美国航空母舰调到地中海地区，英国能够充分利用航空母舰的战斗机支援海军作战，还可为马耳他岛运送飞机。

　　10月11日，德、意空军再次向马耳他岛发动猛攻，妄想歼灭马耳他的空军。同盟国向马耳他不断增派战斗机，岛上的空军力量迅速强大，战斗机从5月份的23架猛增至9月份的169架。

　　一周后，德意空军被迫放弃了空袭。此时，德国海军的主要兵力集结在大西洋和北极圈海域，艰难地进攻同盟国的庞大的护航运输船队。

　　在地中海，德国只有15艘潜艇。1943年1月以后，德军潜艇数量减少，德意主要依赖空军与同盟国对抗。由于德国最关注的是大西洋和东线战场，同盟国在地中海战区的空军增长速度远远超过轴心国。1943年初，盟军飞机有3000架，轴心国只有1700多架。

　　由于同盟国在马耳他的海空军战斗力的迅速强大，德意军的不断衰弱，轴心国的航运损失迅速上升。10月份，轴心国的航运损失率达到44％。运往北非德意联军的3.2万吨补给品，仅安全运到2万吨。对北非德意联军最重要的油料，运出1万吨，只有4000吨送到了北非。

北非的德意联军经常处于弹尽粮绝、油料不足的窘境，而英国第8集团军得到了足够的兵力、装备和物资补给。在双方实力悬殊的情况下，英军向德意联军发动了阿拉曼战役。阿拉曼战役开始后仅3天，10月26日，一支满载汽油和弹药的意护航船队被盟军歼灭，这对德意联军是一次沉重的打击，使德军"沙漠之狐"隆美尔无法得到补给。

没有燃油，隆美尔不能有效利用机械化部队发动他所擅长的运动战。隆美尔被迫多次放弃进攻。

当蒙哥马利指挥英国第8集团军向西追击隆美尔的部队时，盟军又于11月8日发动了北非"火炬"登陆战役，登陆的成功对北非的德意联军构成了严重威胁。

11月13日，一支由巡洋舰和驱逐舰组成的盟军Q舰队进驻阿尔及利亚的波尼港。

波尼港是通往比塞大和西西里海峡的据点，控制着撒丁岛以南的海域。波尼港与马耳他岛成为盟军用来对付西西里海峡的巨型钳子。在这种夹攻的态势下，德意对非洲的海上补给线几乎瘫痪。

这给负责向突尼斯德意联军运送补给的意大利海军以严重的威胁。虽然具有决定性的突尼斯战役没有打响，但是非洲的德意联军已经快因给养严重不足而丧失战斗力了。

11月11日，希特勒命令"抢在英军从阿尔及尔进入突尼斯以前进入突尼斯"。

这次，共有3个德国师和2个意大利师参加此次作战任务。为5个师的部队提供后勤补给的重担落在不堪重负的意大利海军身上。意海军被迫与英海军决一死战。

在此以前，意大利海军总部曾向其最高统帅部说明，由于盟军海军力量的迅速强大，除了对利比亚进行补给外，意大利海军无法承担任何大规模的海上援助行动了。

由于盟军登陆北非获得了成功，意海军请求放弃对的黎波里的船运补给，支援突尼斯守军。

因为，突尼斯已经对轴心国变得至关重要了：突尼斯是地中海的门户，是向非洲发动反攻的基地。但希特勒却不准利比亚的隆美尔军队向后撤退。结果，意海军被迫承担无力肩负的任务——同时向的黎波里和突尼斯提供补给。

11 月 12 日下午，第 1 支意大利船队安全驶入突尼斯比塞大港。这支船队由 2 艘运输舰和 5 艘驱逐舰组成，运载 1000 名意军和 1800 吨的军火。

为了保障军事补给线，意大利海军被迫在突尼斯成立了指挥部，从此开始了地中海海上补给战的最后阶段。在这个阶段，德意海军丧失了地中海的制海权。

在盟军主力没有进入突尼斯以前、英军继续向利比亚提供补给。

11 月，意海军为空运到突尼斯的 5 个师运送了 3 万吨补给，包括油料、坦克和火炮等，还运送部队 1.3 万多人。德意联军凭借这些援军和军火，粉碎了盟军夺取突尼斯和比塞大的军事进攻。

11 月 19 日，一支由亚历山大港启航的英船队抵达马耳他岛。这时，德意潜艇在北非沿海活动频繁，严重威胁同盟国的航运。

11 月 10 日，德潜艇击沉了同盟国的 1 艘运煤船和 1 艘驱逐舰。11 日，德潜艇又击沉了 4 艘运输船。11 月中旬以来，德国海军增调力量在海上封锁了北非的大西洋沿岸海域：在直布罗陀以西部署了 25 艘潜艇，主要负责切断同盟国对登陆部队的补给。德国海军在西西里岛至突尼斯海岸之间海域设置了两道平行的长 120 海里的水雷区。

虽然轴心国加强了封锁，对盟军的地中海航运却没有产生重大影响。12 月，盟军在地中海只损失了 16 艘运输船。这时，北非的德意联军已经变成了强弩之末。

英军占领利比亚的昔兰尼加后，通向马耳他岛的海上交通畅通了，马

盟军战机从航母上起飞去轰炸意大利运输船

耳他岛从围困中解脱了。英军再次增调大量兵力和给养，加强了马耳他岛的战斗力，不仅向马耳他增援了潜艇和飞机，还派驻了水面舰队。

1942年12月，3艘巡洋舰、4艘驱逐舰和12艘潜艇，开始在马耳他驻泊。除了巡洋舰和驱逐舰外，在马耳他岛还派驻了近海舰艇区舰队，由炮艇、鱼雷艇和小型舰艇组成，使马耳他的防御力和战斗力大大加强。

同盟国凭借强大的经济实力和雄厚的资源，很快就恢复并壮大了实力。为了夺取地中海的制海权，同盟国向地中海地区增派海空军部队。1942年季，同盟国从根本上扭转了地中海战区的战略形势，掌握了制海权。

在整个马耳他作战中，从马耳他出动的英国空军损失飞机近1000架，而击落的德意军飞机约1400架。

每当德意空军对马耳他岛的攻势加强时，北非战场形势就有利于德意部队。反之，战场形势则对英军有利。

第三章

保卫莫斯科

"三个月内消灭苏联"

希特勒的如意算盘是，用"闪电战"在3个月中征服苏联。

苏德战争爆发前，苏军总兵力 537.3 万人，陆军编成 303 个师。

为抗击德军入侵，苏联在西部边境军区（包括列宁格勒军区、波罗的海沿岸特别军区、西部特别军区、基辅特别军区、敖德萨军区）共部署兵力 268 万人，计陆军 170 个师（103 个步兵师、40 个坦克师、20 个摩托化师、7 个骑兵师零 2 个旅，50 毫米以上火炮和迫击炮 3.7 万余门，新型坦克 1400 余辆和大量旧式坦克，空军新型作战飞机 1500 余架和大量旧式飞机。

按照战前修订的作战计划，苏军以西南方向为主要防御方向，在其他方向上则以边防部队进行抗击，以保障主力集结和展开，消灭入侵之敌并将战争推向敌国领土。

但战争爆发前，各项战备措施并未完全落实，西部各边境军区部队大多没有完全展开。

苏德战争爆发前的 10 天，国防人民委员铁木辛哥鉴于战争已迫在眉睫，曾要求下令边境军区部队进入战时准备，展开第一梯队。

但斯大林唯恐敌人借此挑衅，没有立即下令。

1941 年 6 月 21 日晚，一名叛逃的德国士兵偷越国境，向苏军边防部队提供了德军第二天将对苏联发动全线进攻的绝密情报。

然而，这一情况虽然逐级报告给了斯大林，斯大林却不相信这一报告的真实性。

同日夜间，朱可夫从基辅打来的电话里获悉，一名德军司务长越过防线告诉苏军指挥员，德军将在第二天凌晨进攻。朱可夫立即向斯大林作了报告。而斯大林这时还不愿相信这个事实。

在朱可夫的坚持下，斯大林召集来了政治局委员，经过讨论和研究，斯大林终于同意发布命令，让边境军区所有部队进入紧急战备状态。

但是，为时已晚。几个小时后，他最不愿发生的事情——战争终于爆发了。

时间是 1941 年 6 月 22 日凌晨 4 时，夜暮笼罩下的苏联西部大平原，静悄悄的苏联人民还在熟睡中，不知什么时候从远处隐隐传来轰鸣声。

人们还没有被唤醒，瞬时间爆炸声猛地到了近前，紧接一阵强光。苏联大地顿时被爆炸冲起的尘土所淹没。

德国和它的附庸国匈、罗、意、芬等国出动了 190 个师，其中包括 19 个坦克师、3700 辆坦克、4900 架飞机、193 艘舰艇，在北起摩尔曼斯克、波罗的海，南至黑海、克里米亚半岛的 2000 多公里的战线上，发动全面进攻。希特勒的如意算盘是，用“闪电战”在 3 个月中征服苏联。

“巴巴罗萨”行动的序幕就这样拉开了。

这时，苏共中央所有的政治局委员都集合在克里姆林宫斯大林的办公室里。

斯大林神情严肃，脸色苍白，他手里握着点燃的烟斗，半天没说话。

斯大林那双深沉难测的眼中，露出震惊和愤怒的目光。这无疑是他一生中受刺激最大、精神最痛苦的时刻之一。

作为苏联红军的最高统帅的斯大林，他知道自己犯了一个灾难性的错误，因此他粗声地骂道：“希特勒这个大流氓！”

就在斯大林终于明白他对战争的判断错了之时，希特勒正在柏林的府邸中拍手称庆。

这时的斯大林并没有时间自省，他要正视这场空前的浩劫已经来临的现实，以其过人的智力和无上权威，率领苏联军民奋起战斗，回击希特勒

的挑战，捍卫民族的尊严和社会主义苏联取得的建设成果。

政治局委员们迅速作了分工，决定在斯大林的领导下开始卫国战争。

德国入侵苏联一小时后，德国驻苏大使舒伦堡才向苏联人民委员会副主席兼外交人民委员莫洛托夫递交了宣战书，诡称：

苏联未履行《苏德互不侵犯条约》，并准备进攻德国，德国被迫发动预防性战争。

罗马尼亚、斯洛伐克、芬兰、匈牙利、意大利和西班牙也陆续对苏宣战，并以部分兵力加入侵苏战争。

到了6月23日午间12时，莫洛托夫代表苏联政府发表广播讲话，谴责德国入侵苏联，号召苏联人民团结起来，击退法西斯的侵略。

晚上21时15分，铁木辛哥根据所谓的"敌人已被击退"的战况报告发布了第3号命令，要求"西北方面军及西方面军应采取集中突击的办法包围并歼灭敌苏瓦乌基集团，至24日黄昏时占领苏瓦乌基地区；西南方面军应以若干机械化军和全部空军，以及第5、第6集团军其他部队的集

德国飞机突袭苏联军事基地

中而强大的力量突击包围并歼灭在弗拉基米尔—沃伦斯基及布罗德方向上进攻的敌军集团。到 6 月 24 日黄昏时占领卢布林地区……"

斯大林则表示："在从波罗的海直至与匈牙利接壤的国境线上，我允许越过国境线以及不受国境线限制的行动。"

斯大林由于局势不明，希望尽快阻止并最终粉碎德军的进攻。

苏军总参谋部认为："红军野战部队的先头部队到达后，德军在国境线大部分地段的进攻已被击退。"

事实却并非如此。

德军发动进攻时，苏军防卫部队远离防御阵地，尚在执行和平时期的日常任务，部队没有按兵力展开，进入防御地区。

因而，德军迅速突破了苏军防线。

德国对苏联的入侵，是以突然袭击的方式开始的。

德军首先以大量的航空兵对苏联西部的重要城市、交通枢纽、军事基地以及正在向国境线开进的军队进行猛烈的轰炸，并在苏军防御纵深内空降伞兵，抢占要地。

同时以数千门火炮对苏军的边防哨所、防御工事、通讯枢纽和部队集结地进行猛烈轰击，然后以优势的坦克和摩托化部队为先导，大批德军随后跟进。

德国及其附庸国的大批特务分子也随德军一起进入苏联境内，大肆进行破坏活动。德国对苏联的突然袭击，使苏联在战争初期遭受了重大的损失。

西部边境 60 多个机场同时遭到猛烈轰炸，苏军半天之内损失飞机1200 架。其中 800 架未及起飞迎战，就被炸毁在机场。

许多重要城镇、通讯设施、交通枢纽和海空军基地也遭到严重破坏。

德军利用空袭和空降部队破坏了苏军的通讯系统，苏军最高统帅机构无法得到有关前线准确、及时的情报，接连发出的第 2 和第 3 号命令不仅

未能缓解局势，相反加剧了前线的混乱。

边境军区指挥机构基本陷于瘫痪，部队出现了混乱。边防值班部队虽进行了抵抗，但因得不到及时援助，势单力薄，防线迅速被突破，战争开始的头 10 天内，德军就向纵深推进了 350 至 600 英里。

边境地区的军用仓库、储备的武器装备和军需物资几乎全部落入德军之手。

斯大林镇定地应付眼前的局面，他手里拿着烟斗，整日默默地在办公室踱来踱去，认真地观察地图，不时发出一道道发动反击的命令。

斯大林按照列宁在内战时的做法，不断派自己信赖的得力代表到关键地区去。对最高统帅来说，这不仅是为了同前线保持直接的联系，帮助那些经验不足的指挥员，同时也是为了说明在危难的时刻，领袖和他们战斗在一起。

6 月 30 日，苏联成立了以斯大林为首的国防委员会。7 月 3 日，斯大林向全国发表了广播讲话，呼唤人民的民族自尊心和保卫祖国的顽强的俄罗斯天性，给了人民以胜利的信心。

斯大林这番讲话在苏联人中，特别是在海陆空军将士中间，产生了巨大的热情，使他们一下子感到强大了许多。

从斯大林的讲话中，人们听到了"一切为了前线！一切为了胜利！"的号召，全体苏联人民被保卫祖国的目标团结在一起，开始同德军展开殊死搏斗。

德军兵分三路

　　为了捍卫莫斯科面前的最后一个要塞，苏军不惜投入大量兵团反复冲击德军。

　　德军入侵苏联后，兵分三路，北路直指列宁格勒，南路进逼基辅，中路威胁莫斯科。

　　德军北方集团军群由勒布元帅指挥，它以第 4 装甲集群为中路，第 18 和第 16 集团军为左右两翼。

　　在第 1 航空队支援下，德军北方集团军群自东普鲁士的哥尼斯堡以东地区向陶格夫匹尔斯、普斯科夫、列宁格勒方向实施进攻，企图消灭波罗的海沿岸地区的苏军，占领那里的港口和海军基地，攻取列宁格勒，与芬兰军队会师。

　　在波罗的海沿岸组织防御的是苏军波罗的海沿岸特别军区，苏德战争爆发的当天改编为西北方面军，下辖第 8、第 11 和第 27 集团军，共 44 万人。

　　德军北方集团军群顺利突破苏军防御，第 4 装甲集群的先遣部队很快到达杜比萨河一线。

　　1941 年 6 月 24 日，德军北方集团军群占领维尔纽斯。

　　26 日，德军北方集团军群利用苏军的混乱，先以一部兵力混入苏军运输队，夺占西德维纳河渡口。然后以第 4 装甲集群第 56 装甲军渡过西德维纳河，并在陶格夫匹尔斯北部建立了登陆场。

　　6 月 30 日，斯大林下令撤销库兹涅佐夫上将的西北方面军司令职务，由原第 8 集团军司令索宾尼科夫少将来接任，由瓦图京中将任参谋长。

之后，苏军第 27 集团军仍未顶住德军第 4 装甲集群的强大突击，开始向奥波奇卡方向撤退。

7 月 9 日，德军北方集团军群夺取了普斯科夫，从而打开了通往列宁格勒的门户。

截止到 7 月 10 日，苏军西北方面军阵亡 73 924 人，受伤 13 284 人，平均每天伤亡 4 845 人。苏联丧失了立陶宛、拉脱维亚和俄罗斯联邦的部分领土。

德军北方集团军群向前推进了 400 ~ 450 公里，进逼苏联的西北重镇列宁格勒。

大量的德军不断向列宁格勒逼来，随着夏天一天天地过去，列宁格勒的前景越来越不好。

7 月初，列宁格勒方面军由原来的 30 个师锐减至只有 5 个兵员足额装备齐全的师，其余的师只有原兵员的 10% ~ 30%。

8 月 20 日，气势汹汹的德军已绕过卢加河防线。

8 月 21 日，德军的几个师迅速向列宁格勒推进。

8 天后，德军攻占了托斯纳。

经过激战，德军又占领了重要的铁路交叉点姆加。

自此，列宁格勒与苏联其他地区的铁路联系就此中断。

9 月 8 日，德军突入拉多加湖南岸，占领什利谢尔堡，完成了对列宁格勒的陆上封锁。

之后，德军开始收紧夹住列宁格勒的巨钳，用大炮轰击，用飞机轰炸，企图以此来消磨苏联人的抵抗决心。

伏罗希洛夫以为一切都完了，跑到火线上去，希望被德国人打死。

9 月 10 日前后，列宁格勒的防御几乎是一片混乱。

在这生死存亡之际，即 9 月 13 日清晨，朱可夫率领他亲自挑选的三个助手：霍津、科科佩夫和费久宁斯基飞往列宁格勒。

朱可夫是在一片混乱中到达这个危急地区的，朱可夫的到任迅速扭转了列宁格勒濒于崩溃的防御局面。

为了筹划在这座被围城市周围重新建立防御工事，打破德军掐住脖子的局面，朱可夫每天都进行了大量难以想象的工作。

同时，朱可夫作为方面军司令员，还肩负着给自战争以来屡战屡败的苏军战士灌输信心的重任，鼓舞他们顶住德军的进攻。这在当时非常重要。

于是，朱可夫争分夺秒地开始了他的工作。

朱可夫坚持调离一些关键性的人员，让熟悉他的人在身边工作。

朱可夫通常将一些军官召到司令部，简短的谈话之后，决定留任与否。对留任的，朱可夫将他的指令简单而坚决地下达，然后说明失败的后果（以交付军事法庭或枪毙相告），促使这些军官不折不扣地完成作战任务。

朱可夫在指挥部和部下商讨作战方案

朱可夫是一个处事坚决的人，从不感情用事。对他认为不适合继续留任的人，一段简短的谈话后，就将他们送往莫斯科。

不到一个星期，朱可夫如同砍瓜切菜般地解除了方面军作战科科长柯尔科丁上校、第42集团军司令员伊凡诺夫将军、第8集团军司令员谢尔巴科夫少将和军事委员会成员师政治委员朱赫诺夫的职务。

为了严明纪律、鼓舞士气，朱可夫采取了非常严厉的措施。

在朱可夫视察第8集团军时，他发现该军纪律恶化，有些师长没有接到命令就退出了战斗，军官常常喝醉酒，士兵们一听到枪声就跑。这样的军队如何打仗？

朱可夫立即发出严厉的警告：凡是失职者都要处决，并宣布逮捕和枪决了有叛国行为或擅自撤退的军官、政委和士兵。

在整顿了指挥系统，解决了士气和纪律后，朱可夫指挥他的庞大军队开始了反击，首先从敌人手里收复了头一天丢失的村庄、车站或高地。

到了9月下旬，德军在整个列宁格勒的进攻已是强弩之末了。德军北方集团军群已经没有办法以现有的兵力向前推进半步，只好沿着整个战线停下来，转入战略防御。

德军集中兵力建立了一道包围圈，希望最后将列宁格勒的300万军民饿死。

在德军攻势减弱之后，朱可夫将列宁格勒现有的后备军事力量进行了整编，把波罗的海舰队的水兵、空防部队、国民警卫队和预备队编成许多师、旅和营，投入到损失较大的战线，以加强第一梯队的力量，建立了纵深防御系统。

9月底，德军不得不承认，从南北两个方向正面强夺列宁格勒的计划破产了。

由于朱可夫和列宁格勒军民的努力和牺牲，顶住了德军长达3年的围困，列宁格勒始终在苏联红军手中。

德军南方集群由伦德施泰特元帅指挥，一路斩将夺隘，屡破苏军。德军南方集群下辖第 6、第 17、第 11 集团军，第 1 装甲集群，由第 4 航空队实施中支援。

德军南方集群任务是：

左路第 1 装甲集群和第 6、第 17 集团军，从波兰的卢布林地区向基辅方向和第聂伯河下游实施突击，通过迂回包围阻止苏军退过第聂伯河；右路第 11 集团军在罗马尼亚第 3 和第 4 集团军协同下，迅速从罗马尼亚向苏联第聂伯河下游地区扑来。

斯大林估计，苏德战争爆发后，德军的主攻方向将是乌克兰，目的是夺取乌克兰的粮食、顿涅茨的煤和高加索的石油。

因此，苏军在南部配置了西南方面军和南方面军两个方面军。

苏联西南方面军由基尔波诺斯上将指挥，辖有第 5、第 6、第 26、第 12 集团军，依次由北向南驻防，在普里皮亚季沼泽地至苏罗边界北缘一线组织防御。

在罗马尼亚正面是秋列涅夫大将指挥的苏联南方面军，由第 18、第 9 集团军组成，共 86.5 万人。

战争开始后，德军南方集群的第 2 装甲集群首战苏第 5、6 集团军交汇处，打开一条宽达 50 公里的缺口，西南方面军中路和左翼各集团军面临着被包围的危险。

从 1941 年 6 月 23 日至 29 日，苏军和德军在杜布诺、卢茨克、罗夫诺地区展开一场苏德战争初期规模最大的坦克战。由于苏军缺乏统一的指挥，各兵种未能组织好协同动作，终于失利了。之后，德军南方集群变更了部署，投入了精锐兵团，攻破了苏军在接合部的抵抗。

30 日，德军南方集群攻占了利沃夫和罗夫诺，开始向日托米尔方向实施强大攻击。

7 月 4 日，德军在南路推进了 300 ~ 350 公里。苏军在南路共阵亡

172 323 人，受伤 69 271 人，平均每天伤亡 16 106 人。

8 月底，苏德两军在基辅一带的对阵形势是：德军已经分成两路，绕过基辅，楔入基辅侧后的东北和东南地带，基辅及正东地区仍为苏军控制。

希特勒意识到：这是一个有利于德军的作战形势。

希特勒精心设计了一个围歼方案，让德军绕到基辅东面，在苏军背后来一个南北对进，突破杰斯纳河与第聂伯河，锁住苏军退路，把苏联西南方面军全部装进口袋，一网打尽。

希特勒将重任交给了"钢铁雄师"——古德里安第 2 装甲集群和克莱斯勒第 1 装甲集群。

8 月 24 日，战斗打响了。

9 月 14 日，德第 3 装甲师与第 1 装甲集群部队形成合围，拉上了外层包围网。

9 月 16 日，"帝国"师攻占交通重镇——乌代河畔的普里卢基，切断

古德里安指挥的装甲集团军

了苏军后撤的通道，完成了内层包抄。

由于德军南方集群大的合围已经形成，很多苏军失去了有效的补给。至9月中旬，基辅附近的形势恶化了，很多苏军西南方面军的主力部队被德军南方集群分割包围。

9月19日，德军攻陷了乌克兰首府基辅。

据西方史学家记载，在被希特勒称之为当时"世界上史无前例的最大战役"——基辅战役中，苏军4个集团军被围歼，65.5万名指战员被俘虏。

德军中央集群由博克元帅指挥，包括第4、第9集团军、第2、3装甲集群配以第2航空队，它们担负着进攻苏联任务。

目标是由东普鲁士的苏瓦乌基地区和波兰的华沙地区向比亚韦斯托克突出部，明斯克方向实施钳形突击，围歼苏军西方面军主力，得手之后，向斯摩棱斯克方向推进。

苏联西方面军由巴甫洛夫大将亲自坐阵，辖第3、第10、第4和第13集团军，共62.5万人。

1941年6月22日，德军指挥部指挥中央集群40个师扑向苏联。

北路德军第3装甲集群同北方集团军群的第4装甲集群从东普鲁士攻入立陶宛，渡过涅曼河，对苏军西方面军右翼第3集团军构成包围之势。

到开战以来第4天结束时，德军坦克兵团在西方面军两翼已深入苏联领土，驻守在比亚韦斯托克突出部的苏联西方面军主力有被合围的危险。

在苏第13集团军司令部的巴甫洛夫大将完全被德军迅猛的阵势吓住了，他得不到前线足够的情报，不知道自己的集团军状况如何，更不知道德军在采取什么行动。

从他下达的命令里，我们分明能感到，他已经被命运的巨浪完全冲垮了心理防线，他的精神已经崩溃了。

6月23日晚，巴甫洛夫给第10集团军下达了这样一条命令：

第 10 集团军司令员：

机械化军为何不进攻？谁的过错？立即行动起来，不要惊慌失措，而要指挥。应当有组织地打击敌人，而不是无指挥地乱跑。你应当知道每个师的位置，何时采取何种行动及其结果……

巴甫洛夫

试想第 10 集团军的司令员收到这样一条语无伦次的命令该作何反应。

6 月 28 日，德军装甲部队攻占明斯克，合围了苏军西方面军。

当日，随后跟进的德军第 4、第 9 集团军在比亚韦斯托克以东地区会合，完成了对苏军的近距离合围，将比亚韦斯托克小合围圈同东部的新格鲁多克大包围圈完全分割开来。

被合围的苏军在极端困难的条件下向东和东南方向突围，有些部队冲出合围，有些部队转入了游击战，但大部苏军被歼。

截止到 7 月 9 日，德军结束了比亚韦斯托克—明斯克战役，重创了苏军。

据德军统计：共俘虏 328,898 人，缴获 3,332 辆坦克、1,809 门火炮。

方面军司令巴甫洛夫被解除职务，与方面军的另外几位将军一起被送交军事法庭并判处死刑。

由铁木辛哥出任苏联西方面军司令员，该方面军的任务是：扼守西德维纳河、第聂伯河至洛耶夫一线，掩护斯摩棱斯克方向。

苏联统帅部为加强莫斯科方向的防御，预备队集团军群在西德维纳河与第聂伯河上游一线展开，于 7 月 2 日将其并入西方面军，并打算调西南方面军的第 16 集团军前往斯摩棱斯克地区。

7 月 3 日，德军两个装甲集群合编成第 4 装甲集团军，继续向东和东南方向追击避开合围的苏军，向斯摩棱斯克方向推进。

截止到 7 月 10 日，德军几乎占领了白俄罗斯的全部领土，向西方推进了 450 ~ 600 公里。7 月 16 日，斯摩棱斯克被攻破。

苏联西方面军共阵亡 341 012 人，受伤 76 717 人，平均每天伤亡 23 207 人。

1941 年 7 月底，斯摩棱斯克城周围的战斗进入了拉锯战阶段。

为了捍卫莫斯科面前的最后一个要塞，苏军不惜投入大量兵团反复冲击德军。

德军古德里安的装甲集团经过一个多月的连续作战后，精疲力竭，中央集团各部德军也已是损兵折将，失去了继续进攻的能力，被迫暂停进攻，转入防御。

"台风"攻势

这个红波利亚纳就是今天的梅季希,位于莫斯科西北郊,距莫斯科只有27公里。从这里,坦克最多一个小时便可以抵达莫斯科城。

1941年9月,德国的战车正在隆隆驶来,一场猛烈的"台风"正向莫斯科刮来,保卫莫斯科的战役就要开始了。

9月30日,希特勒亲自签发了进攻莫斯科的军事行动计划,此计划的代号为"台风"。

进攻的德军不顾损失惨重,每日以俯冲轰炸机为先导,在苏军后方投弹轰炸,破坏苏军兵力的集结调动和补给运输,切断其战场各部分的联系;再以大炮、迫击炮火力破坏苏军前沿工事,压制苏军火力;然后以坦克为前锋,协同摩托化步兵疯狂推进。

德军企图首先围歼苏军主力于维亚济马和布良斯克地区,然后以强大的装甲摩托化兵团从南北两翼实施钳击,步兵兵团实施正面进攻,以期在入冬前攻占莫斯科。

莫斯科是苏联最大的城市及政治、经济、军事、文化和交通中心。

莫斯科位于东欧平原的中部,莫斯科河两岸,同伏尔加河有河道相连接,战略地位极其重要。

莫斯科位于苏德战线的中央位置,北通列宁格勒,南连斯大林格勒,往东则掩护着乌拉尔后方基地。

同时,莫斯科是苏联最重要的交通枢纽,铁路网四通八达。

莫斯科是苏联主要的工业基地和军火生产中心。

失去莫斯科将对苏联人民和军队的作战意志产生巨大冲击，严重削弱苏联军队和人民战胜德国的信心。

可以说，莫斯科得失与否，确实是影响苏德战争结局的关键性一战。

1812 年，拿破仑占领莫斯科，焚烧了这座城市，俄国名将库图佐夫率领的俄国军民打败了拿破仑，迫使其仓皇撤退。十月革命后，苏联政府于 1918 年 3 月 10 日将首都由列宁格勒迁往莫斯科。

此时，德军正逼近莫斯科，这座伟大的城市将接受最为严峻的考验。

苏军在莫斯科接近地先后建立勒热夫—维亚济马和莫扎伊斯克两道防线，西方面军（科涅夫上将指挥）、布良斯克方面军（叶廖缅科上将指挥）和预备队方面军（布琼尼指挥）在奥斯塔什科夫、叶利尼亚以西、波加尔以东一线及其后方组织防御。

苏军总兵力为 15 个集团军和 1 个集团军群，共 125 万人，坦克 990 辆，火炮 7600 门，飞机 677 架。

希特勒也深知莫斯科的战略重要性，开始集重兵于莫斯科。

德军中央集团军群沿西德维纳河、罗斯拉夫尔、格卢霍夫一线展开了 3 个集团军和 3 个装甲集群，第 2 航空队担任空中支援。其总兵力为 76 个师又两个旅，约 180 万人，坦克 1700 辆，火炮 1.4 万余门，飞机 1390 架。

这支部队步兵总数占苏德战场德军总兵力的三分之一、坦克师和摩托化师的三分之二。

斯大林发现希特勒攻占莫斯科的企图后，赶紧采取对策，向莫斯科调兵遣将，准备与德军决战。

为加强莫斯科前线苏军的指挥能力，斯大林亲自与正在列宁格勒前线指挥对德作战的常胜将军朱可夫通话，要他立即飞到莫斯科，指挥莫斯科保卫战。

9月30日，古德里安统帅的德军坦克集群宛如一张弯弓上的利箭，直指布良斯克和维亚兹马。

从乌克兰到莫斯科，古德里安的部队进展神速。不到3天，古德里安就占领了布良斯克战线以东200公里的奥廖尔。进展之神速，以至于当德军坦克开入奥廖尔城时，电车上的乘客纷纷向他们招手致意，这些乘客误以为是苏军的装甲部队呢。

古德里安占领奥廖尔后，指挥德军迅速切断了布良斯克—奥廖尔公路，一举攻占了卡拉切夫，紧接着向布良斯克迂回包抄前进。10月6日，古德里安攻占布良斯克。

与此同时，德军第9和第4集团军分别以第3和第4装甲集群在杜霍夫希纳和罗斯托夫方向实施猛烈进攻，迅速突破了苏军的防御阵地，并从南北两面，急速向维亚济马冲去。

古德里安乘坐的装甲指挥车

古德里安的坦克第 2 集团军与南进的德第 2 集团军一起，于 10 月 7 日在布良斯克以南包围了苏军第 13 集团军和第 3 集团军一部，在布良斯克以北包围了苏军第 50 集团军的部分兵力。

希特勒觉得胜利已是板上钉钉了，再也按捺不住激动的心情，认为攻占莫斯科简直就是探囊取物。

希特勒在 10 月 7 日签署了一项最高统帅部的命令：

不准博克接受莫斯科的投降，即使主动投降也不予接受；德国军队不需要进入莫斯科，只需用炮击和轰炸予以毁灭。

希特勒觉得光用炮火还不够——还需要加上大量的燃烧弹和高爆炸药，直到把莫斯科夷为平地才能解除他内心深处对布尔什维克的仇恨。

希特勒宣称，要在 10 天内占领莫斯科，并于 1941 年 11 月 7 日苏联十月革命节这天在莫斯科红场检阅德军进攻部队。

戈培尔竟命令德国各家报社，留出 10 月 12 日报纸的头版位置，准备刊登德军攻占莫斯科的"特别新闻"。

10 月 13 日，被德军包围的苏联 3 个集团军经过英勇抵抗，大部被歼，余部退守莫扎伊斯克防线，有的在敌后展开了游击战。

至此，希特勒的"台风"计划的第一阶段行动完成，莫斯科的第一道防线被德军铁甲冲开了一道可怕的缺口。

从 10 月 13 日起，通往莫斯科所有重要作战方向几乎都开始了激烈的战斗：

位于莫斯科西南 160 公里的卡卢加于 13 日陷落，离莫斯科 150 公里的加里宁被夺占，离莫斯科 100 公里的鲍罗季诺遭到了德军的致命一击。

在 1941 年 10 月的艰难日子里，负责保卫莫斯科的西方面军发出了告全军书："同志们！在我国面临严重危险的时刻，每个军人的生命应该属于祖国。祖国号召我们要成为坚不可摧的铜墙铁壁，堵住法西斯匪帮去亲爱的莫斯科的道路……"

当时，莫斯科有一句很流行的话，"俄罗斯虽大，但已无处可退却，因为后面就是莫斯科。"充分说明了当时的危急情况和莫斯科军民高涨的士气。

10月17日，苏军新建立了加里宁方面军，从莫斯科西北面阻击德军的进攻。

19日，国防委员会号召莫斯科人民要不惜一切代价，配合红军，誓死保卫莫斯科。

在莫斯科最危急的日子里，全体人民积极响应号召，表现出了一种"临危不惧、气壮山河，誓与敌人决一死战"的英雄气概。

莫斯科人民豪迈地说："敌人在哪里进攻，我们就在哪里歼灭他们！我们要在红场上为列宁而战斗，决不让纳粹的血手玷污列宁的陵墓！"

人民群众的巨大支持，使前线的指战员深深地感受到，这给了他们进行莫斯科保卫战的巨大鼓舞。

朱可夫后来深有感触地说："当我们谈到莫斯科保卫战的英勇战绩时，我们所指的不仅仅是军队英雄的战士、指挥员和政治工作人员的战绩。在西方面军以及在尔后各次战役中之所以能取得胜利，完全是首都及莫斯科军民团结一致和共同努力的结果，是全国、全体苏联人民对军队和首都保卫者有效支援的结果。"

但是，由于德军过于强大，西方方面军不得不向后撤退，莫斯科的危险与日俱增。

10月底，希特勒集中51个师，包括13个坦克师和7个摩托化师的兵力，再次强攻莫斯科。

此时，莫斯科的形势万分危急！

为了进一步鼓舞士气，斯大林决定举行传统的十月革命节阅兵式。

11月7日清晨，莫斯科成了银白的世界，这对苏联来说是个不同寻常的日子。

这一天，莫斯科已是"敌军围困万千重"了。而这一天，苏军统帅斯大林以非凡的气度和刚毅果敢而又不乏想像力的气势在莫斯科红场举行了宏大的阅兵式。

阅兵式开始前，斯大林威严地站立在列宁陵墓上，向全体官兵发表了振奋人心的演说："同志们！今天是在严重情况下庆祝十月革命胜利 24 周年的。德国强盗背信弃义的进攻和强加于我们的战争，造成了对我国的威胁，而我们的国家，我们举国上下，都已经组成了一个统一的战斗营垒，同我们陆海空军一起，共同粉碎德国侵略者，彻底粉碎德国侵略者！消灭德国占领军！我们光荣的祖国、我们祖国的自由、我们祖国的独立万岁！在列宁旗帜下向胜利前进！"

斯大林低沉而充满力量的演说回荡在莫斯科红场上空，通过电波传向苏联前线和世界各地。

受检阅的部队、坦克和大炮，经过检阅台后，直接开往前线。

为了保卫莫斯科，苏联军民发扬了殊死作战的精神。

前线：

红军官兵死守每一处村镇、渡口、制高点，与德军反复拼杀，且战且退，消耗德军实力。

后方：

工人、妇女及其他非战斗人员全民动员，组成了 12 个民兵师，支援前线作战。

几十万莫斯科妇女和少年，不分昼夜地构筑莫斯科环城防御工事，在两个月内筑成几十万米防坦克壕、战壕、交通壕及各种阻敌障碍、设施。兵工厂的工人加班加点，为前线生产枪支弹药。

这时候，整个莫斯科成了一座与德军拼搏的大军营。

斯大林红场阅兵的消息，传到希特勒的耳朵里，已是傍晚时分。

希特勒闻听此言，大发雷霆："简直令人难以置信，斯大林竟然能在

德国空军的机翼底下检阅部队！这是对帝国空军的公然蔑视、蔑视！"

希特勒歇斯底里地发作了一阵子，不足以消除心头之恨，就大声喊道："哈尔德，你马上与博克联系，问问他，为什么在今天放过了俄国人？难道他对俄国连最起码的常识都没有吗？不知道11月7日这一天对他们有多么重要，对我们来说也十分重要吗？红场阅兵……对这种挑衅，只能用炸弹加倍惩罚！告诉戈林，今天晚上必须对莫斯科实施最猛烈的空袭！"

恼怒之下的希特勒立即调兵遣将，敦促博克再次从地面进攻莫斯科。

希特勒的新计划是：

赫普纳的第4装甲集群与赖因哈特的第3装甲集群并拢，在施特劳斯第9集团军的配合下向沃洛科拉姆斯克、克林方向进攻，准备从西北方接近并迂回包抄莫斯科，如有可能从北面突破。

古德里安的第2装甲集团军向高图拉、卡希拉、科洛姆纳进攻，从南面逼近莫斯科。

莫斯科以西宽大的正面，由德第4集团军实施攻击。

对于这个计划，希特勒极为满意，很快向部队下达了指令：从11月13日起，全线进攻，目标——莫斯科！

在"坚决死守莫斯科"战斗口号的鼓舞下，莫斯科军民在每一寸土地上与德军展开了拼死作战，使得德军每前进一小步都得付出巨大代价。

德军在最初的几天总算争气，频频得手，以不快不慢的速度向莫斯科逼近。

随着德军的疯狂进攻，引起了斯大林对莫斯科安危的忧虑。

在莫斯科保卫战最困难的时候，斯大林曾与在前线指挥作战的朱可夫通话，要求朱可夫以一个共产党员的身份说真话："苏军是否能守住莫斯科？"

朱可夫经过慎重思考，回答说："如能再增派两个集团军和200辆坦克，就一定能够守住莫斯科，打退德军的进攻。"

朱可夫的回答，大大坚定了斯大林的胜利信心。斯大林说"你有这样的信心很好，要英勇顽强！你打电话给沙波什尼科夫，商量一下把你所要的两个预备队集团集中到那里。他们将于 11 月底准备好，但是坦克我没有。"

随着德军的逼近，苏军的抵抗也越来越顽强，常常是打得整营、整团不剩一个人为止。

12 月 3 日，德军第 4 坦克集团军在遭受重大损失后攻占红波利亚纳。

这个红波利亚纳就是今天的梅季希，位于莫斯科西北郊，距莫斯科只有 27 公里。从这里，坦克最多一个小时便可以抵达莫斯科城。

希特勒及高级将领研究作战计划

德军元帅博克闻讯赶来，手拿望远镜，当克里姆林宫尖顶那颗闪闪的红星尽收眼底时，不禁低声道："看到了，红星……我总算看到了……"然而，博克怎么也没有想到，这是他此生此世所能到达的距莫斯科最近的地点，也是德国军队第一次和最后一次看到莫斯科。

风雪保卫莫斯科

在莫斯科战役胜利的鼓舞下，最高统帅斯大林决定乘胜追击，发动全线反攻。

此时，战局对德国非常有利，希特勒就剩下一个莫斯科没有到手了，本来他认为苏军没什么了不起的，只要他的装甲铁蹄稍向前驱，克里姆林宫就会挂起万字旗，斯大林就会向他低头。

但越逼近莫斯科城，苏军抵抗越激烈。慢慢的，在希特勒的心头上开始蒙上一层阴影，很快，他就意识到"斯大林是他真正的对手"。

希特勒隐隐感到，供应线大大拉长，德军连续作战，十分疲劳，这一切都必须及时解决。

然而此时，俄罗斯的酷寒降临，莫斯科被冰雪覆盖。希特勒原以为莫斯科指日可待，未做好在酷寒条件下作战的准备，因此德军逐步陷入进退不得的困境中。

历史总会有某种惊人的相似之处：

1812 年，拿破仑统帅着浩浩荡荡的法兰西大军横扫欧洲，但在莫斯科城下却大败而归。

据说，那是上帝拯救了俄罗斯，就在拿破仑胜利在望时，严寒突然降临。

莫斯科的第一场雪是在 1941 年 10 月 6 日深夜落下的，那一晚，莫斯科忽然彤云四合，狂风怒号。没到午夜，天空中便纷纷扬扬下起了鹅毛大雪。

莫斯科这场初雪比平常年份提前了一个月。

天气的突然变冷对大雪中的德军来说，真是雪上加霜。11月3日，第一次寒潮袭来，气温一下子降到零度以下，而且还在迅速下降。

11月27日，一场突如其来的凛冽寒风，在不到两个小时的时间里，使莫斯科的气温骤降至零下40度。

大雪覆盖了莫斯科周围绵延上千公里的河流、山谷、村镇以及桥梁、道路，也覆盖了希特勒军队的营帐、野战机场、坦克、大炮和车辆。

寒冷的天气使得大炮上的瞄准镜失去了作用；纳粹军队的飞机油箱被冻裂；坦克因燃油冻结，必须在底盘下烧火烘烤，才能发动；坦克及随行车辆行进时必须装上防滑链，否则无法控制，随时会打滑横行，翻落沟底；步兵的步枪、机枪等自动武器也因冻结而无法使用。

德军官兵的处境更为悲惨，由于冰雪封冻，伤员运不走，补给送不来，他们身穿单衣，龟缩在战壕里，挨冻受饿。

许多士兵穿着单薄的夏衣，在凛冽的寒风中瑟瑟发抖。数以千计的德军士兵被冻成残废，许多人染上了寒颤不止、全身无力的疟疾。

德军每个团队冻伤的官兵，少则数百，多则上千，战斗力因而锐减。

由于严重的战斗减员和冻伤减员，德军兵力在一天天减少。

相反，苏军新的预备队却在不断地开赴前线，无论是在数量上，还是在气势上都胜德军一筹。

抱怨、沮丧的情绪开始充斥德军，许多人谈起1812年拿破仑的失败和俄国在博罗季诺的纪念碑，无可奈何地叹息道："上帝为什么总是偏袒俄罗斯呢？"

严寒同样给苏联军民带来了巨大的困难，他们不得不在寒冷彻骨的天气里挖防坦克壕、设置障碍物等。

但是，苏军本来就是在严寒中长大的，况且穿得暖暖的，足以御寒；苏军供给和适应力要比德军强得多；苏军的机枪都披着枪套，以防止冻坏；武器上涂有冬季润滑油，使用起来非常灵活……

这时，以斯大林为首的国防委员会作出了在莫斯科近郊歼灭德军的决定，转入反攻，给敌人以歼灭性打击。

1941年12月4日，苏军第16集团军在红波利亚纳地区发起反击。

红波利亚纳镇几次易手，苏军与德军在镇外展开了坦克战，镇内则进行着巷战。

战斗异常激烈，整整持续了一天，天黑时，苏军终于把德军逐出了红波利亚纳。

莫斯科周围地区的战斗也都呈现出这种白热化状态。苏德双方都知道，这是最后关头，谁能坚持到最后，谁就能取得胜利。

12月5日，德军则称之为"最黑暗悲惨的一天"，对苏军来说是整个莫斯科保卫战中最关键的一天。

这天，德军在环绕莫斯科周围320多公里的半圆形阵地上，全线被苏军制止住了。

不仅如此，所向无敌的古德里安装甲部队第一次被迫后撤，不得不在冰天雪地上组织起防线。

然而，德国人已经什么都来不及了，苏军的反攻开始了。

12月5至6日，苏军利用德军预备队消耗殆尽、失去进攻势头的有利时机，出其不意地在加里宁至叶列茨一线开始了全线反攻，实施了加里宁、克林—索尔涅奇诺戈尔斯克、图拉、叶列茨和卡卢加战役，并在罗斯托夫和季赫温方向展开了积极的配合行动。

12月6日凌晨，希特勒做梦也没想到，由朱可夫指挥的苏联西方方面军，在其他方面军的协同下，以100个师的兵力向德军发起了全线大反攻。

这条战线长达1000多公里，从莫斯科前沿，北起加里宁，南至叶列茨。

瞬时间，信号弹腾空升起。大炮的轰隆声冲破了漫天大雾和清晨的沉寂。

"喀秋莎"火箭炮炮弹划出一道道火光，冲向德军阵地。

反攻的苏军将士们无不兴奋异常，失败的耻辱、退却的痛苦、对入侵者的仇恨，在此时此刻都转化为一种巨大的力量，推动着他们对疲惫不堪的德军发起最猛烈的攻击。

他们都怀着这样一个心愿："是该出口气了，让法西斯看看上西天的路，也让他们尝尝背后挨枪子儿的滋味！"

12月8日下午，克留科沃及其邻近的几个居民地被苏军解放。向西逃窜的德军丢下了54辆坦克，120辆汽车及很多武器、弹药和军用器材，还丢下了两门300毫米火炮。显然，这是德军准备用它来轰击莫斯科的武器。

1941年11月7日苏联红场阅兵部队

克留科沃大街上，挤满了欢迎的群众。

许多妇女、小孩和老人顶风冒雪伫立在街头。他们衣衫褴褛，饥饿，面容憔悴，饱受了战争的痛苦，但看得出来，他们这时是多么的高兴。

"红军万岁！红军万岁！""把德国侵略者打回老家去！"的口号响彻大街小巷。

随着战斗的进展，士气高昂的苏军逐渐掌握了主动权。

反攻的第一天，科涅夫率领的加里宁方面军已经突破了德军的防御阵地，越过冰封的伏尔加河，向精疲力尽的德军扑去。

他们进展迅速，很快就插进到德军第9集团军的右翼，到达了德军后方大约20公里的图尔吉诺沃。

苏第29、第31集团军在反攻当天渡过了伏尔加河，对固守在加里宁的德第9集团军的交通线构成了严重威胁。

苏第30集团军在骁勇善战的列柳申科将军率领下，击溃了德军在德米特罗大西北的抵抗，冲向克林地区，威胁着德第3、第4坦克集群的后方。

库兹涅佐夫率领苏第1突击集团军在德米特罗夫以南进攻，越过了莫斯科和加里宁铁路。

苏第20和第16集团军的进攻更是顺利。

从12月8日开始，德军被迫转入防御。

此时，德国军官中弥漫着越来越浓厚的悲观情绪。

德陆军参谋长哈尔德从前线得到的都是不祥的消息。德第4坦克集团军参谋长勃鲁门特里特打来电话，报告前方进攻失利的情况。

哈尔德跟他私交不错，小声问勃鲁门特里特："你总的感觉怎么样？我们真的要重演拿破仑的悲剧吗？"

对方沉寂了一会儿，说："一切都成了泡影……"

哈尔德心事重重地来到陆军总司令布劳希奇的办公室，看见布劳希奇

坐在沙发里，一只手支着头，似乎在打瞌睡。布劳希奇见是哈尔德，示意他坐下。

布劳希奇听了哈尔德的报告，说："现在除了转入防御之外，看不到有什么使德军摆脱绝境的办法了。"

布劳希奇很吃力地从沙发上站起来，慢慢从写字台上拿起一张纸，递给哈尔德，说："最近我的心脏病一再复发，体力明显不支，看来无法完成元首交给陆军的那些伟大而艰巨的任务。我已决定向元首递交辞呈……"

希特勒尽管一直对布劳希奇缺乏好感，但听到他要求辞职的消息，顿时怒不可遏。

希特勒一拳砸在桌子上，开始发作："愚蠢！愚蠢透顶！我们好不容易离莫斯科只有一步之遥了，这层薄纱只要指头一戳就要破了，为什么要停下！为什么要转入防御？博克、古德里安、赫普纳，脑子里塞满了稻草，难道你也是个木头人吗？几个月的战争，我们损失仅仅50万。而苏联人却是我们的10倍！凭什么说我们已经丧失了优势？不对，优势还在我们这边，还在我手里！不许撤退，后退一步都不行！"

希特勒决定解除陆军总司令布劳希奇元帅等高级将领的职务，自任陆军总司令，命令东线德军坚守待援。

但是，德军仍然挡不住苏军的脚步。

从12月7日起，苏军反攻速度不断加快，前3天，推进了30～50公里，而且攻势一浪高过一浪，战果也越来越大。

12月8日，苏第16集团军解放了克留科沃后，开始向伊斯特拉水库发起进攻。

另外，苏联戈沃罗夫将军指挥的第5集团军也积极向前推进，从而有力地保证了第16集团军的进攻。

12月9日，苏第20集团军粉碎了德军的顽强抵抗，将德军驱逐出了索尔涅奇诺戈尔斯克。

苏联的航空兵也来参战，且大大超过了德中央集团军群的飞机数量。

到了12月13日，德军在克林和索尔涅奇诺戈尔斯克地区的抵抗被粉碎，丢下了大量的大炮和车辆，仓皇后退。

一路上，撤退的德军遭到苏军飞机的轰炸，损失惨重。

此后的几天里，苏军将德军赶出了加里宁、克林和耶列茨。苏军部队在对德军的大规模进攻中，缴获了许多武器和车辆。

苏联宣布，德军包围莫斯科的企图已经失败。苏联报纸刊登了赢得莫斯科会战胜利的红军将领们的照片，分别是朱可夫、列柳申科、库兹涅佐夫、罗科索夫斯基、戈沃罗夫、鲍尔金、戈利科夫、别洛夫和弗拉索夫。

其中，朱可夫的一张大照片位于中央，周围是其他将领的较小的照片。

正如苏联所说的，强大的苏联反击部队在空军的有力支援下，越战越勇，到1942年1月初，已经完全击溃了窜至莫斯科城下的德中央集团军群的突击兵团，德军被迫后退了100～250公里，从而解除了德军对莫斯科的直接威胁。

当苏军发起反击时，正在受冻挨饿的德军不得不在没有足够冬季装备的条件下垂死挣扎，伤亡惨重，根本阻止不了苏军的攻势，德军防线到处出现了危机。

德军不得不承认已到了山穷水尽的地步，并且准备将部队撤往库尔斯克—奥廖尔—勒尔一线作为德军的冬季阵地。

在莫斯科城下20天的激战中，德军的损失是毁灭性的，德军损失官兵15.5万人，坦克777辆。希特勒向莫斯科发动的"台风"攻势遭到失败。

在莫斯科战役胜利的鼓舞下，最高统帅斯大林决定乘胜追击，发动全

苏军的冬季作战装备充足，与德军形成了鲜明的对比

线反攻。

斯大林说："德军由于在莫斯科附近的失败而惊慌失措，而且他们过冬的准备很差，现在正是我们转入进攻的最好时机。"

斯大林的意图是：以西方正面为主攻方向，消灭德国中央集团军的主力，夺回斯摩棱斯克；在北方，消灭列宁格勒附近的敌军，解除敌人对列宁格勒的包围。

1942年，苏军最高统帅部决定利用德军失去进攻势头的有利时机，在西方、西北和西南战略方向发起总攻，并以西方正面为主攻方向，向德军及其仆从军发动了全线进攻。

正如斯大林所说的："红军在因德帝国主义背信弃义的进攻而暂时退却以后，夺得了战争进程中的转折，由积极防御转入了有效进攻……由于红军的胜利，卫国战争进入了一个新的时期。"

1942年1月5日，斯大林发出指示："不给德寇任何喘息的机会，不停顿地把他们向西驱赶。"

1月8日，苏波罗的海舰队、黑海舰队的舰桅高昂，海军战士们将炮弹填进炮膛，莫斯科郊外野战机场上的战鹰满载航空炸弹，振翅待飞。

从列宁格勒城外雪深齐腰的森林，到莫斯科以西冰封的大地；从静静的顿河流淌过的乌克兰平原，到黑海北岸的克里木岛，苏军在这条纵贯南北的战线上，9个方面军110多万将士整装待发，收复失地大总攻的战幕即将拉开。

随着红色信号弹飞上天空，一时之间从空中到地面，炮声滚滚，硝烟滚滚，苏军的全线总攻开始了。

苏军总攻首先以加里宁方面军实施的瑟乔夫卡—维亚济马战役开始，这一战役也是勒热夫—维亚济马进攻战役的一部分。

苏军进攻的当天，西方面军的第39集团军就在勒热夫以西突破了德军防线，到了1月21日，挺进80～90公里，前出至德军第9集团军勒热夫集团的后方。

26日清晨，方面军的第22、第29集团军在奥列尼诺包围了德军约7个师。

苏联骑兵第11军从正面突至维亚济马，切断了维亚济马—斯摩棱斯克公路。

1月10日，西方面军以9个集团军和2个骑兵军实施的勒热夫—维亚济马进攻战役开始了。

1月17日，西方面军的右翼第1突击集团军第20和第16集团军在突破德军沃洛科拉姆斯克防线后，切断了莫斯科—勒热夫铁路。

1月20日，西方面军中线部队第5、第33集团军收复了莫扎伊斯克；苏第43集团军则向尤赫诺夫方向进攻。

西方面军左翼的第49、第50集团军和近卫第1军、第10集团军从北面和南面包抄了由德军第9集团军约9个师组成的尤赫诺夫集团。

这样一来，苏第 33 集团军和近卫骑兵第 1 军得以分别在尤赫诺夫以北及以南突入德军后方，向维亚济马展开攻击。

为了配合正面部队围歼维亚济马的德军，苏军从 1 月中旬至 2 月中旬先后在维亚济马东南地区空降了 1 万多人。

接着，苏军又向西推进了 100 ~ 350 公里，收复了莫斯科州、加里宁州、图拉州等莫斯科以西大部地区。

至此，希特勒占领莫斯科的企图完全化为了泡影。

莫斯科保卫战既是第二次世界大战期间最大规模的城市保卫战，也是人类战争史上最大规模的城市保卫战。

莫斯科保卫战是德军在第二次世界大战中遭到的首次重大失败，损失 50 万人（其中冻死冻伤 10 万余人）、坦克 1300 辆、火炮 2500 门、汽车 1.5 万余辆。

第四章

决战中途岛

山本的新目标

山本五十六承认攻打中途岛具有很大的危险，不过他进一步指出为了日本的命运只能抛出底牌了。

1941 年 12 月 2 日，偷袭珍珠港以日本人的胜利为结局。在全日本都在欢庆胜利的时候，殊不知"刚刚唤醒的巨人"正在寻找着复仇的机会。

1941 年 12 月 28 日，在日舰队旗舰"长门"号战列舰上，联合舰队的司令长官山本五十六正在观看偷袭珍珠港的战果报告。这个报告是日本情报人员参照美军公布的损失整理出来的。

山本五十六逐行审对着报告上的数字，高兴得满面笑容。美军公布的损失，比日军参加突袭行动的部队上报的战果大了很多。美军的损失报告有两点使山本五十六没有料到：

第一，日军突袭珍珠港竟能获得这么大的战果。根据一般的规律，部队上报战果往往会有夸大的水分，山本五十六本以为美太平洋舰队的实际损失远远低于日海军上报的数字，可远远超过了日海军上报的数字。

第二，山本五十六没有料到美海军有说实话的勇气。美海军遭受那么大的损失，竟然都公布出来了。山本五十六认为，美海军敢于说出实际损失，是因为美国的实力太强大了。

在日本海军中，山本五十六对美国的了解比任何人都透彻。

山本五十六清楚地知道美国是个战争潜力异常庞大的国家，所以强烈反对与美国为敌。

在日本海军中，山本五十六是个指挥天才，以具有大胆甚至冒险决策的能力而著称。如很多日本人一样，山本五十六具有浓厚的樱花情结，宁可在短时间内凋谢，也想开放得十分灿烂。就是说，凡事偏重质量，其次才求数量。

山本五十六有个绰号叫"赌徒"，突袭夏威夷群岛的珍珠港可称得上是他发起的一次大赌博，那次山本五十六大获全胜了。突袭珍珠港的胜利不但使山本五十六名声大噪，而且使他对自己的策划能力更有信心了。

珍珠港的战斗结束了，山本五十六又想攻占美国的一个小岛屿——中途岛。

中途岛地处太平洋中部，距离日本 2250 海里，东南距离珍珠港 1135 海里。中途岛建有海港和美军机场。

中途岛面积很小，但受到美日双方的高度重视。美军可以从岛上的机场出动飞机，可以警戒半径达 600 海里的海域；岛上的港口能够作为美航空母舰编队的补给和前进基地。

可见，中途岛具有攻防两大功能，成了美军在太平洋上最佳的前沿阵地。

山本五十六也发现中途岛是一个至关重要的小岛屿，因此把下一个大海战设在中途岛。

对日海军来讲，一旦占领了中途岛，就能把中部太平洋的防御圈快速向东推进，还能利用中途岛上的海空军基地，监视和警戒夏威夷群岛的美国太平洋舰队。

再有，日军攻占中途岛，能够在美国中部太平洋防御圈上冲开一个巨大的缺口，对夏威夷群岛的美舰队构成巨大的威胁，并把中途岛作为以后进攻夏威夷群岛的前沿基地。

山本五十六以他过人的军事视觉，发现了中途岛的重要战略价值。山本五十六决定早日攻占中途岛，尽快结束太平洋战争。

可是，当山本五十六向日本军部提出攻打中途岛的计划后，日本军界

要员们纷纷表示反对。日本陆海空三军要员们认为日本去攻占位于夏威夷群岛正前面的中途岛是不行的，哪怕占领了，也无法坚守。

日军军令部长永野修身和副部长伊藤整一都不同意山本五十六的作战计划，说山本五十六是被珍珠港的胜利冲昏了头，是在拿日本帝国和天皇的命运去胡闹。

他们提出很多理由反对山本五十六的计划，不相信中途岛的战略价值。他们还说，山本五十六虽然胆子很大，但他没有指挥这么大规模海战的经历。中途岛攻击战会投入日海空军的所有主力，这个计划太大了。

山本五十六是个有自信的人，一旦他认准的事情，就会坚持做到底。在珍珠港海战中，山本五十六就是靠韧劲才战胜了众人的反对，使他的计划成功地实现了。

山本五十六

为了再次宣传自己的作战计划，山本五十六来到军部找到永野海军上将。山本五十六说：日军夺取太平洋地区的最大障碍就是美太平洋舰队。开战两年内若日本无法获得决定性的胜利，目前日美间的军事均衡就会完全打破，美国就会凭借强大的实力取得军事上的绝对优势。

在时间如此紧迫的情况下，唯一的方法是迅速战胜美舰队，早日摧毁美太平洋舰队的主力。若我们攻打中途岛，尼米兹会派出太平洋舰队的主力前来支援，那时我们就跟美太平洋舰队一决雌雄。

山本五十六承认攻打中途岛具有很大的危险，不过他进一步指出为了日本的命运只能抛出底牌了。

山本五十六的发言底气十足，显得过于好战。永野上将不禁摇了摇头，劝山本五十六不能太心急，攻占中途岛的计划是错误的，因为日本的主要战略方向在南太平洋地区，而不是在东面的夏威夷群岛。

山本五十六说，若日军拿下了中途岛，就能威胁美国大陆了，降低美国国民的士气。但军令部却不这样想，他们说山本五十六的看法太天真了，就算有了中途岛，也无法威胁美国大陆。

军令部长永野耐心地劝说，但无法说服山本五十六。

就在他们争论不休的时候，发生了一件让日本国民非常震惊的重大事件。

原来，在珍珠港被袭以后，罗斯福总统要求轰炸日本，对日本偷袭珍珠港进行报复。1942 年 4 月 18 日，美军 16 架陆基轰炸机从航空母舰起飞空袭了日本东京等中心城市。

太平洋战争爆发以前，日本天皇曾得到过军人们的保证：决不让敌军的炸弹落在神圣的大日本帝国的国土上。然而，这次轰炸重重地打了他们一个耳光。

这次轰炸对日本造成的物质破坏很小，但对日本国民的自尊心造成巨大的震动。日本国民的士气极大地降低了。

日军军部感到事态十分严重，那些反对中途岛海战计划的要员们被迫承认来自东方美太平洋舰队的威胁比来自南方各小国的威胁还要大。

军部为没有保住东京的安全而悔恨，反对攻占中途岛的意见听不到了。山本五十六对他们说："攻占中途岛就是使东京的安全得到保障，保卫天皇陛下的安全，这是大日本帝国皇军的神圣职责！"

一心想进攻中途岛的山本五十六，借助美国航空队空袭东京这一事

实，再次力排众议。山本五十六马上与参谋们在一起，制定进攻中途岛的具体军事计划。

山本五十六制定的作战计划，包括三项独立的但协同作战的军事行动：

第一，攻占西阿留申群岛；

第二，攻占中途岛；

第三，与美太平洋舰队决一雌雄。海战的主要意图是通过攻占中途岛给日本海军和空军夺取基地，继续朝太平洋和西南太平洋进军，与美太平洋舰队决一死战。

为了成功地完成计划，山本五十六动用了日本海军所有的主力，并把这些兵力编成了先遣部队、第1机动部队、进攻中途岛部队、主力部队、北方部队、岸基航空部队等6支部队。

先遣部队：归第6舰队司令小松辉久中将率领，拥有1艘轻型巡洋舰、15艘潜艇。负责侦察中途岛的美军情况和天气情况，在开战前在中途岛至夏威夷间构筑警戒线，进攻援救中途岛的美太平洋舰队。

第1机动部队：归第1舰队司令南云忠一管辖，拥有4艘重型航空母舰、2艘战列舰、2艘重型巡洋舰、1艘轻型巡洋舰、12艘驱逐舰，各式舰载飞机261架。负责在登陆作战以前空袭中途岛的美军机场和军事设施，消灭中途岛的美军航空兵，掩护登陆部队登陆，捕捉消灭可能救援的美太平洋舰队。

进攻中途岛部队：归第2舰队司令近藤信竹中将管辖，拥有1艘轻型航空母舰、2艘战列舰、8艘重巡洋舰、2艘轻巡洋舰、21艘驱逐舰、2艘水上飞机母舰、15艘运输舰，若干扫雷舰、猎潜艇等，各式舰载飞机56架。运输舰上运载登陆部队5800人。在第1机动部队歼灭中途岛的美军航空兵后，第2舰队运送登陆部队攻占中途岛，并且在中途岛附近海域进攻前来救援的美太平洋舰队。

主力部队：归山本五十六亲自率领，拥有 1 艘轻型航空母舰、7 艘战列舰、3 艘轻巡洋舰、21 艘驱逐舰、2 艘水上飞机母舰、袖珍潜艇，各式舰载飞机 35 架。负责中途岛、阿留申群岛整个作战，主要支援中途岛作战，同时进攻美太平洋舰队。

北方部队：归第 5 舰队司令细萱戊子郎率领，分为北方部队的主力、第 2 机动部队、阿图岛进攻部队、基斯卡岛进攻部队和潜艇部队。拥有 2 艘航空母舰、3 艘重巡洋舰、3 艘轻巡洋舰、1 艘辅助巡洋舰、12 艘驱逐舰、6 艘潜艇，若干艘扫雷舰、运输船等，各式舰载飞机 82 架。同时，载运陆海军登陆部队 2450 人。北方部队的任务是轰炸荷兰港美军海空基地，摧毁阿达克岛的军事设施，攻占基斯卡岛和阿图岛，伺机进攻美军舰队。

岸基航空部队：归第 11 航空舰队司令塚原二四三中将率领，拥有 1 艘轻巡洋舰、3 艘驱逐舰、19 艘运输舰，各式岸基飞机 214 架。岸基航空部队的任务是侦察夏威夷群岛美国太平洋舰队的情况，在各个部队发动中途岛作战时，以太平洋各岛屿为基地，组织空中侦察和警戒。

在攻打中途岛的计划中，山本五十六共调动了水面舰艇 206 艘、舰载飞机约 470 架、岸基飞机 214 架、登陆部队和建立基地的部队 1.68 万人，几乎包括了日本海军的全部精锐。

山本五十六计划于 6 月 6 日发动中途岛海战，作战计划以 6 月 6 日为中心，精心制定了各参战部队的行动时间表。

山本五十六精心设计着赌局，坚信在新的一局中还能像珍珠港海战那样，再获得全胜。

庞大的日本联合舰队

6月4日是"美国海军史上最重要的一天"。

1942年5月20日，山本五十六下达了各参战部队作战行动的最后命令。联合舰队将于7天后出海，为了不浪费这几天的宝贵时间，山本五十六组织了为期两天的大规模演习。

5月25日，在"大和"号上进行了中途岛和阿留申群岛海战的演习。在演习中，美军投下9枚炸弹，击沉了日军两艘航母。这个演习的结果，竟被裁判改成了命中3弹，击沉航空母舰1艘和击伤航空母舰1艘。后来，裁判又改成1艘航空母舰都没有损失。

可见，日军无法容忍失败。刚从珊瑚海战场回来的高木武雄海军中将向参加演习的军官和参谋们进行了详细的汇报。

当天晚上，山本五十六和参加演习的军官和参谋们在"大和"号上举行晚宴，喝着天皇赐予的米酒，为即将到来的中途岛获得全胜而干杯。可见，日舰队在战前已经都准备好了。

1942年5月27日早晨，日本濑户内海西部的军港柱岛锚地，阳光照射着庞大的日本联合舰队。柱岛在广岛以南，锚地海军基地附近有许多丘陵起伏的小岛，小岛上从岸边直至山顶都有田地，每座山顶都有高射炮群，锚地能够容纳整个日本海军，距离商船航线很远，是天然的优良海港。

太平洋战争爆发以来，日海军第1舰队和第1战列舰战队长期停泊在柱岛，等待海上决战，长期征战在外的航空母舰编队的军官们，讽刺地称它们为"柱岛舰队"。

这时，庞大的日本联合舰队正等待着出发，每艘军舰都完成了出海的所有准备，加足了燃油、弹药以及补给品，沉重的负重使吃水线降低。整个锚地军港比较安静，只有军舰上的旗帜在风中呼呼作响，中途岛海战一定能够获胜的心理弥漫着整个联合舰队。

5月27日是日本的海军节，37年前的今天，东乡平八郎大将指挥日本联合舰队打败了沙俄舰队。太平洋战争爆发半年以来，山本五十六取得的战绩足以与37年前的东乡平八郎的战绩相比。

联合舰队士气旺盛，官兵们都认为，此次出海会给日本海军增添更大的战绩！

8时，"赤城"号航空母舰的起航信号升起，第10驱逐舰战队、第8巡洋舰战队、第3战列舰战队第2小队、第1航空母舰战队和第2航空母舰战队纷纷拔锚，驶向中途岛。

当第10驱逐舰战队驶出锚地时，稍后出发的参战部队官兵列队欢送，替他们送行，整个气氛是振奋人心的，每个人都相信自己将要参加的是战绩更加辉煌的海战。

联合舰队在中午前后通过了丰后水道，傍晚时分驶入太平洋深处，采用环形巡航队形朝东南驶去。

不久，"赤城"号飞行长，偷袭珍珠港时的空中总指挥渊田美津雄因为急性阑尾炎，被送往医务室。几天后，第1航空舰队作战参谋源田也由于肺炎被送往医务室。

他们是南云的航空母舰舰队中最重要的航空军官，对于南云来说，等于没有了左膀右臂。

这时，同样精通航空业务的山本五十六遭受胃病的日夜煎熬，也病倒了。

5月28日，阿留申群岛牵制舰队由日本九州岛北端的港口出征。在南面，运载着5000名登陆部队的日军运输舰从马里亚纳群岛中的塞班岛

驶向中途岛。

5月29日晨，联合舰队的其他舰只从日本濑户内海启航。近藤信竹率领的中途岛攻击编队驶在整个舰队的最前面，后面是包括山本五十六的旗舰"大和"号的主力舰队，由34艘军舰组成。中途岛海战是日美海军在第二次世界大战中规模最大的一次海战。在这次海战中，日海军消耗的燃油量，相当于和平时期日本海军一年的用量。

山本五十六选定6月7日为进攻中途岛的N日。因为7日的月光对夜晚登陆有好处。

计划在6月5日，当南云舰队驶入中途岛西北400公里处的海域时，向中途岛发起大规模空袭。南云舰队的飞机，不但要摧毁中途岛上的美国航空力量和军事工事，还要击沉所有的美国战舰。

6月6日，一支由藤田指挥的小型水上飞机供应部队，将在中途岛西北96公里处的库雷小岛上降落，负责支援登陆部队，还要进行远程侦察，掌握美太平洋舰队的动向。

6月7日天亮后，日本海军陆战队将在栗田的重型巡洋舰的炮火支援下，向中途岛的沙岛和东岛发动进攻，随后开始登陆。在攻占中途岛的整个过程中，近藤中将的进攻舰队必须守住中途岛的南方和西南方。

山本五十六的主力部队将在中途岛西北海域，南云舰队则藏在中途岛以东海域。

山本五十六希望尼米兹会被日军对中途岛和阿留申群岛的同时进攻搞得发昏，使尼米兹在日军登陆中途岛以前，来不及组织兵力抵抗。

6月2日，由于南云航空母舰舰队没有雷达，在浓雾中朝中途岛方向驶去。再加上能见度很差，不能弹射出去侦察机，结果南云舰队无法了解自己的处境。

6月3日黎明，雾更大了，连探照灯都无法穿透周围的昏暗。为了避免互相碰撞，南云被迫动用保持沉默的无线电，向各舰艇下令。突然

监听到日军发出的无线电报，中途岛立即出动 9 架美国陆军的 B — 17
型"空中堡垒"轰炸机，美轰炸机首先看见了日军的登陆舰队。美轰炸
机的轰炸准确性太低，炸弹都扔在海水中，日军的运输舰和护航舰继续
向前驶进。

随后，一队紧贴着海面疾飞的美军鱼雷轰炸机发动突然袭击。虽然只
有一枚鱼雷击中了日军护航舰队后边的一艘油船，然而山本五十六仍然感
到担忧。

山本五十六原计划让南云舰队的俯冲轰炸机在美军没有发现入侵舰队
逼近以前，就轰炸中途岛上的飞机场和防御工事，可现在日舰队的行动已
经暴露了。

在南面，南云的航空母舰舰队仍旧驶进。6 月 3 日上午 10 时，天终
于晴朗了，前面的海面波涛起伏，南云舰队以 24 节的航速快速前进，使
蓝色的海水掀起滚滚白浪。

中途岛鸟瞰图

南云舰队的灰色钢铁战舰，组成一支巨大的环形队伍，炮筒林立的战列舰护卫在外围；大型航空母舰"赤城"号、"加贺"号、"飞龙"号和"苍龙"号，正行驶在中央。

6月3日傍晚，日舰队快速由西北方向向中途岛靠拢，4日拂晓以前就能够到达距离中途岛320公里的起飞海域了。这时，弗莱彻和斯普鲁恩斯指挥的两支特混编队，正在中途岛东北面500公里的海面躲藏。

这两支特混编队的总指挥弗莱彻少将认为，日军的南云航空母舰舰队正在附近海域。6月3日晚7：50分，弗莱彻率领特混舰队向西南方向追去。

弗莱彻认为6月4日是"美国海军史上最重要的一天"。第二天拂晓，特混舰队将到达中途岛北面，正好偷袭南云的航空母舰舰队。这是个很正确的判断，当天晚上美国的航空母舰距离南云舰队仅为160公里。

1942年6月4日凌晨2时45分，日军"赤城"号航空母舰上的扩音器忽然响了起来，日舰队发动的进攻开始了。

当黎明的曙光来临之时，南云舰队航空母舰上的探照灯早已照亮了巨大的飞行甲板。南云舰队的航空母舰上的舰载机数量分别为："赤城"号54架，"加贺"号63架，"飞龙"号54架，"苍龙"号56架。

这时，4艘航空母舰正在中途岛西北240海里处，迎风全速驶向中途岛，为舰载机起飞作最后的冲刺。航空部队已经做好了向中途岛发起第一轮空袭的准备。

4时30分，南云中将下令进攻。

引导起飞的军官挥起绿灯，第一架零式战斗机滑过灯火通明的起飞甲板，朝黎明前黑暗的天空飞去。甲板上的水兵们欢呼着。8架战斗机相继起飞，18架舰载俯冲轰炸机相继起飞。

15分钟内，108架飞机从4艘航空母舰上都成功地起飞了。它们编成壮观的环形队列绕行舰队一圈，朝东南方的中途岛飞去。舰上的水手们看着它们尾翼上闪烁着的灯光逐渐消失在夜空中。

　　第一轮攻击飞机刚刚飞走，南云下令第二轮攻击飞机作好起飞准备。与此同时，南云航空母舰舰队的 7 架川崎水上侦察机，奉命前去东面和南面寻找美国航空母舰。有 5 架侦察机已经飞走了，可是重巡洋舰"利根"号上的 2 架侦察机，由于弹射器出现故障，起飞的时间晚了半个小时。由于这一故障，给日舰队接下来的战事造成了严重的后果。

南云发动第一波空袭

　　5分钟之内，所有日机就能够腾空起飞。只需5分钟！然而，美机已经开始攻击了。

　　中途岛上的美军早就等候多时了，正准备迎战南云舰队的第一轮空袭飞机。

　　5时50分，中途岛上的雷达发现了前来空袭的日军机群。中途岛上的防空警报全部响了起来。这时，友永大尉率领108架攻击机群，距离中途岛仍有150公里。

　　尼米兹命令中途岛上的所有飞机立即起飞。

　　守岛部队的6架复仇者鱼雷轰炸机和4架装有鱼雷的陆基轰炸机，起飞后向北面的南云航空母舰方向扑去。另有19架轰炸机和37架无畏、守护者俯冲轰炸机紧跟在它们后面。

　　守岛部队的20架水牛式战斗机和6架野猫式战斗机向西北方飞去，迎战向中途岛扑来的日本攻击机群。

　　6时16分，美国战斗机与日本机群遭遇了。

　　负责护航的日军零式战斗机队在美军飞机还没有冲进日本的轰炸机群时，就向他们开火了。双方的飞机不断翻飞、俯冲，相互开火。日军的战斗机在数量上远远超过迎击的守岛部队的飞机，在性能上也远远超过对手。

　　很快，日军战斗机击落了17架美军战斗机，击伤7架美军战斗机。日军战斗机丝毫未损，更没有让美军战斗机伤害1架轰炸机。

　　摧毁了美军飞机的截击，日本攻击机群迅速进攻中途岛。轰炸机冒着守岛部队的高射炮火不断俯冲，轰炸了 20 分钟，炸毁了油库和一个空的飞机库。

日本轰炸机想在中途岛歼灭航空力量的计划失败了。它们能够找到的轰炸目标，只是飞行跑道和几座空机库，岛上飞机都已经起飞了。

友永大尉结束了袭击后，驾机找遍了全岛。他发现中途岛变成了浓烟滚滚的火海，但发现岛上的飞机跑道没有被彻底摧毁。友永大尉觉得应该对中途岛发动第二轮攻击。可是，他率领的第一轮攻击飞机，弹药没有了，燃油也快光了，被迫返航。

太平洋中部时间早 7 时，友永大尉从飞机上向南云舰队发报："突击机群返回，需要再次空袭。"友永的机群在轰炸中途岛的时候被地面防空炮火击毁了 1/3，剩下的飞机在阳光照耀的天空中全部返航。

当南云航空母舰舰队向中途岛发起第一轮空袭时，美军特混舰队正在积极准备发起对日军航空母舰舰队的偷袭。

6 月 4 日黎明，美海军第 16、17 特混编队总指挥弗莱彻，从"约克城"号航空母舰上出动 10 架侦察机去寻找南云舰队。

5 时 25 分，艾迪上尉驾驶卡塔林娜水上侦察机从中途岛起飞，在靠近南云舰队航行的海域，碰巧钻出了云层。当艾迪上尉看到一大批灰色的日军战舰时，连忙用无线电向基地报告。

接到南云舰队位置的确切情报后，弗莱彻于 6 时 07 分向"企业"号航空母舰上的斯普鲁恩斯少将发报，命令第 16 特混编队向南云航空母舰发动空袭，第 17 特混编队随后空袭。

斯普鲁恩斯少将原打算再向前航行 3 小时，就是上午 9 时，再派舰载机进行空袭。到了那时，他与南云舰队间的距离，会缩短到 160 公里以内。这于美舰队航程较短的舰载攻击机和战斗机十分有利。

参谋长米切尔·布朗宁上校提出，若把起飞时间定在上午 7 时，那么会使美军飞机在空袭中途岛的日军飞机返回母舰降落时，正好到达南云航

空母舰上空发动空袭。

这是一个很好的主意。可是美军机群飞行的距离比原来远多了，危险也就大增。美军的攻击机和护航的战斗机很可能因为油料耗尽而坠毁。

若是规模较小的海战，斯普鲁恩斯是不肯冒这么大的风险。但中途岛海战，很可能给南云舰队造成重创，他就不顾这么大的风险了。

权衡利弊，斯普鲁恩斯作出关系中途岛海战胜负的重要决定，就是接受了布朗宁上校的意见，将起飞时间提前到 7 时。同时，斯普鲁恩斯命令两艘航空母舰上的大部分飞机参加空袭，把底牌一次全部抛出。

当时，斯普鲁恩斯特混编队拥有两艘航空母舰，飞机数量分别为："企业"号 79 架，"大黄蜂"号 79 架。

7 时 2 分，14 架鱼雷攻击机，32 架俯冲轰炸机在 10 架战斗机的护送下，从"企业"号航空母舰上出发了。15 架鱼雷机、35 架俯冲轰炸机在 10 架战斗机的护送下从"大黄蜂"号航空母舰上出发了。

美军飞机的油料仅够勉强返航，然而飞行员们不顾生死，冲向日航空母舰。同时，斯普鲁恩斯留下 8 架无畏式俯冲轰炸机和 36 架野猫式战斗机替特混编队护航。

一个半小时后，弗莱彻命令第 17 特混舰队的飞机起飞。弗莱彻的"约克城"号航空母舰共拥有 95 架舰载机。当 12 架鱼雷攻击机和 17 架俯冲轰炸机在 6 架战斗机的护送下起飞时，时间已是上午 9 时 06 分了。

南云舰队在放飞攻击中途岛的第一轮攻击机群后，第二轮攻击飞机立即从 4 艘航空母舰的下层甲板，一架架地提升到顶层的飞行甲板上。

很快，4 艘航空母舰的飞行甲板上已经停满了飞机，火红的太阳已经升上了天空。

停在航空母舰上等待起飞的第二轮飞机，绝大部分是鱼雷轰炸机。这些飞行员是日本海军航空兵的精锐。当时，南云舰队的所有指挥官都认为，在附近没有美国的航空母舰。

根据山本五十六的预计，美国的航空母舰最早将在 6 月 7 日到达中途岛海域。然而，南云为了以防万一，仍然把他最优秀的飞行员留在了航空母舰上，准备击沉美国航空母舰。

南云舰队的鱼雷轰炸机是当时世界上性能最好的舰载轰炸机，时速达378 公里，载弹 800 公斤。不仅能够投掷鱼雷，进攻航空母舰或者其他战舰，还可以投掷炸弹，轰炸机场等目标。此时，挂的都是鱼雷。

早在 6 时，南云的旗舰"赤城"号发现了空中的美军水上侦察机在活动。南云感到担忧，怕遭到美国航空部队的空袭。

7 时，南云收到了友永大尉发来的关于向中途岛发动第二次空袭的请求电报。7 时 10 分，处于南云舰队最前方的一艘驱逐舰回报："发现大批美机。"防空警报声响彻海空。

美军 6 架鱼雷攻击机和 4 架俯冲轰炸机飞到"赤城"号航空母舰右舷上空。他们是从中途岛起飞的。日军护卫战舰重炮齐射，在高射炮的连发

美军野猫式战斗机

炮火的封锁下，20 多架日军零式战斗机起飞迎击。

美战机不顾密集的炮火，向"赤城"号冲来。日军零式战斗机已经击落了 3 架美机，其他 7 架美机继续向南云航空母舰扑去。

瞬间，美飞机投掷鱼雷，又升上高空。在没有战斗机的护航下，美机再次袭击日航空母舰。然而，它们投掷的鱼雷和炸弹准确性太差，没有一颗命中日舰。后来，只有 1 架鱼雷攻击机和 2 架俯冲轰炸机回到了中途岛。

遭到美机的空袭后，南云认为这些美国飞机肯定是从中途岛飞来的。他认为必须早点把中途岛的空军歼灭掉。再加上友永上尉刚发来的电报，南云下令再次空袭中途岛。

为了空袭中途岛，必须把停放在"赤城"号和"加贺"号航空母舰飞行甲板上的飞机，再用升降机送回下层甲板，把挂在机身下的鱼雷卸下，在飞机上挂炸弹。

7 时 15 分，当机械兵把飞机由飞行甲板上朝下降时，航空母舰上一片混乱。南云改装鱼雷机的命令，实际上是参谋长草鹿替他下达的。草鹿说，来自中途岛的飞机，比可能遭遇的美国舰队更可怕。

同偷袭珍珠港时一样，草鹿是南云舰队中的幕后指挥官，很多重要的决定都是他出的。每次在决定行动以前，草鹿都必须得到南云的批准。不过，南云对草鹿从来都是言听计从。

7 时 30 分，由"利根"号航空母舰起飞的侦察机报告说，距离南云舰队 200 海里处有 10 艘美舰。若 10 艘美舰中有航空母舰的话，情况就十分不利了。南云命令侦察机查清美舰中是否有航空母舰。

这架侦察机若不是由于弹射器故障而耽误半个小时的话，就能够在南云下达卸下鱼雷命令以前看到美舰，这样南云的鱼雷机就能马上起飞了。

7 时 45 分，南云下令暂停卸下鱼雷，等待侦察机的下一次报告。

7 时 55 分，中途岛的轰炸机群飞来了。亨德森带领 16 架俯冲轰炸机，因为飞行员都是刚从学校毕业的，没有俯冲投弹的经验，亨德森被迫带着飞行员们从 600 米高空下滑投弹，很快就被击落了 8 架，重创了 6 架，投下的炸弹没有一发击中日舰。

接着，斯威尼带领 15 架俯冲轰炸机在 6000 米高空投弹，因为太高，没有命中，反被打落 2 架。

接着，诺里斯带领 11 架轰炸机到达日舰队上空，在日军战斗机的打击和战舰高射炮的封锁下，被打落 5 架，只有 4 架投掷了炸弹，没有一颗击中。

8 时零 9 分，日军侦察机报告，美军舰队共有 5 艘巡洋舰和 5 艘驱逐舰，没有航空母舰。南云认为美军中途岛的飞机不断前来空袭，对舰队的威胁太大，因此命令继续卸下鱼雷挂上炸弹，准备空袭中途岛。

8 时 20 分，日军侦察机报告，在美军舰队好像有 1 艘航空母舰。南云听说舰队后面有航空母舰，连忙命令停止挂炸弹，重新挂上鱼雷。

南云下达的一连串的换炸弹挂鱼雷的紧急命令，使航空母舰甲板上和机库里十分混乱，卸下的炸弹和鱼雷被迫堆在一起，没有放进弹药舱，日军的机械兵并不知道这样做是自寻死路。

8 时 30 分，日军空袭中途岛的第一轮空袭机群飞到航空母舰上空，请求降落。这时，南云不知道怎么办了。"赤城"号和"加贺"号航空母舰上的攻击机正在换弹，无法起飞，"苍龙"号和"飞龙"号的攻击机可以马上起飞，但战斗机由于拦截美军岸基飞机，急需加油和补充弹药，无法立即出动替攻击机护航。

若让甲板上的第二轮飞机起飞，会因为没有战斗机的掩护而遭受重大损失。若先清理甲板让第一轮空袭飞机降落，会失去战机。

参谋长草鹿和作战参谋源田都主张先清理甲板，叫第一轮飞机降落，再发动第二轮空袭。"飞龙"号航空母舰上的第 2 航母战队司令山口多闻看到南云行动迟缓，通过灯光信号向南云转达建议："我认为必须命令第

二轮空袭飞机起飞！"

山口多闻是日本海军界的少壮派将领，头脑冷静而且刚强果断，对天皇、帝国绝对效忠，是日本军界中的鹰派人物。

山口多闻从海军军官学校毕业后，在美国普林斯顿大学留学。毕业后，山口多闻历任日本驻美大使馆海军武官、联合舰队首席参谋、海军大学教官、军令部课长和战列舰舰长等。

1939年，根据山本五十六的建议，山口多闻被派往中国汉口，担任日本海军航空部队司令。1940年，山口多闻回国，担任第2航母战队司令官。

在多年的海军生涯中，山口多闻富有远见，以能当机立断而著称，是日本海军不可多得的将领之一。

山口多闻的建议是比较正确的，尽管攻击机在没有战斗机掩护的情况下会遭受很大的损失，但也比留在航空母舰等待中途岛的美机攻击要强很多。

源田主张先清理甲板，因为在空中的第一轮空袭飞行员多数是他的好朋友，他不忍心看着他们因无法着舰而坠毁。山口多闻才干超群，很可能成为山本五十六的继任者。

这一点引起了南云的嫉恨，南云不肯接受山口多闻的建议，命令把在甲板上的第二轮攻击机降入机库，清理甲板让第一轮空袭飞机和在舰队上空快耗光燃料的战斗机降落。

8时37分，航空母舰开始回收飞机。15分钟后，飞机全部着舰，机库里的机械兵放下还没有完成的换弹任务，立即为甲板上的飞机加油、装弹。

9时18分，负责警戒的战斗机全部降落，机库里一片混乱。50架战斗机加油装弹完毕后马上起飞，在南云舰队上空护航。

南云命令以30度航向30节航速向北进军，尽早占领有利的攻击海域。

南云本来想做好充足的准备，再给美舰队以重创，可是这样慢吞吞的出击，失去了最佳的战机！

这时，美军航母舰载机群开始了攻击。最先飞到南云舰队海域上空的是"大黄蜂"号航空母舰的35架轰炸机和10架战斗机，但没有看到日舰，因为飞行高度太高，云层遮住了视线，再加上日舰向北行驶，美机在预定海域并未找到日舰，继续西南寻找，仍未找到。

21架轰炸机回到了航空母舰，14架轰炸机降落在中途岛，有4架在着陆时爆炸，10架战斗机因燃油耗尽坠落在海面上。

"大黄蜂"号的15架鱼雷机，由沃尔德伦带领，由低空飞行，于9时20分找到了南云舰队，马上发动攻击。可是鱼雷机的速度太慢，又没有战斗机护航，在日军50架战斗机的截击下全部坠落。

9时30分，"企业"号的14架鱼雷机飞到南云舰队上空，分为两组，朝"赤城"号航空母舰两舷发动攻击。在日军战斗机的疯狂拦截下，有9架被击落，剩下的5架投下的鱼雷准确性太差，反被击落1架。返航中，3架鱼雷机由于伤势太重而坠海，只有1架回到航空母舰。

"约克城"号的攻击机群比前两艘航母起飞时间晚很多，但在途中得到了日舰的新位置的情报，立即改正了航线。它们只比"企业"号的鱼雷机晚发起攻击几分钟，12架鱼雷机在6架战斗机护航下袭击"苍龙"号航空母舰，10架鱼雷机和5架战斗机被击落，2架鱼雷机和1架战斗机返回航空母舰。

从清晨开始，中途岛和美舰队共出动了99架攻击机，损失62架，但没有击中南云舰队的航空母舰。

美军"企业"号航空母舰的第6轰炸机中队和"大黄蜂"号的第8轰炸机中队在小麦克拉斯的率领下，在预定海域没有找到日舰。小麦克拉斯下令向北搜寻。

10时，小麦克拉斯发现了日军舰队。南云的4艘航母正以菱形队形

朝北撤退，"飞龙"号在北面，"加贺"号在南面，"赤城"号在西面，"苍龙"号在东面。美机由西南方向靠近，小麦克拉斯把33架轰炸机分成两组，分别朝"赤城"号和"加贺"号发动攻击。

在"赤城"号的飞行甲板上，舰上飞机的发动机都已经发动了，航空母舰立即转向逆风航行，5分钟之内，所有日机就能够腾空起飞。只需5分钟！然而，美机已经开始攻击了！

日美航母大决战

中途岛海战惨败后，日本再也没有力量发动大规模的海空作战。

1942 年 6 月 4 日，太平洋万里无云，云高 3 000 米，为美机的空袭南云舰队提供了最佳的条件。

10 时 24 分，"赤城"号下令立即起飞，飞行长挥动着小白旗，第一架零式战斗机冲出了飞行甲板。正在这时，瞭望哨呼叫："美军俯冲轰炸机！"

3 架美机向"赤城"号俯冲下来，日舰的机关炮立即开炮，但已经晚了！美机大肆攻击没有遭到日战斗机的拦截，因为日军战斗机刚刚拦截美军的鱼雷机，正在舰上补给。空中没有一架担任警戒的战斗机！

就是说，美军俯冲轰炸机的大肆攻击是以美军鱼雷机的牺牲换来的。日军庞大的航空母舰无法躲避，处于最容易受到攻击的情况下——正在逆风航行进行起飞，飞行甲板上有很多加满弹药和加足燃油等待起飞的飞机。

"赤城"号航空母舰被两枚 450 公斤的炸弹击中，一枚落在升降机后面，另一枚落在飞行甲板的左舷上。

两枚炸弹对巨大的航空母舰无法造成重伤，然而，炸弹却使甲板上的飞机全部爆炸，火势快速蔓延，航空母舰失去了作战能力，通讯联系中断。

南云的指挥失控后，第 8 巡洋舰战队司令阿部弘毅海军少将马上接过战舰指挥权。同时，山口多闻接过空中作战的指挥权。南云的参谋长草鹿

要求马上把司令部搬到"长良"号巡洋舰上，南云不想离开心爱的"赤城"号，更不想抛弃那些与他同甘共苦的"赤城"号官兵。

青木舰长说："长官，有我照看母舰，我们都请您搬到'长良'号，继续指挥舰队。"

草鹿又请求南云离开旗舰，南云知道无法在"赤城"号上指挥了，只好跟青木舰长辞别，爬到舰桥的窗口，拽着绳子爬到甲板上，然后离开。10时30分，参谋长和参谋人员随后也离开了"赤城"号。

与此同时，小麦克拉斯的机群还攻击了"加贺"号航空母舰。10时24分，9架美机朝"加贺"号俯冲，各投掷了1枚炸弹。前3枚炸弹差点击中，在"加贺"号航空母舰周围掀起了巨大的水柱。

接下来的6颗炸弹中有4颗命中"加贺"号飞行甲板。其中最靠近舰首的炸弹落在舰桥旁，炸毁了一辆小加油车，使舰桥和四周的甲板燃起大火，很多舰员伤亡。

舰长冈田次作和其他军官当场死亡，幸免于难的飞行长天谷孝久立即接过指挥权。

舰上燃起了熊熊大火，舰员们努力制止火势，可是整个军舰都被大火包围，很难找到躲藏的地方。

天谷等大部分舰员，被迫撤到小艇甲板上躲藏。

3个多小时后，天谷忽然发现距离"加贺"号几公里远的地方露出一支潜望镜。几分钟后，三道白色鱼雷的水迹朝"加贺"号扑来。美军潜艇正在发射鱼雷。

两枚鱼雷从"加贺"号航空母舰旁边飞过，一枚鱼雷命中了"加贺"号，这枚鱼雷击中军舰后侧以后断成了两截。带着气仓的后半截正在水上漂浮，在海水中的日本舰员顺手抓住半截鱼雷，等待拯救。这样，美潜艇发射的鱼雷竟变成了救命的工具。

"加贺"号航空母舰的大火越来越大。10时40分，天谷命令弃舰。

"加贺"号被击中时，"苍龙"号的机械兵们正忙着做起飞的准备工作。

机械兵们看到"加贺"号燃起熊熊大火时，知道"加贺"号在劫难逃，不约而同地观望天空，13架美军俯冲轰炸机正向他们俯冲下来，几分钟内，"苍龙"号连中3弹。

第1颗炸弹击中舰身前面的飞行甲板，后2颗炸弹命中了中部升降机。烈火引爆了油库和弹药库。

10时30分，"苍龙"号变成了火葬场，爆炸声不断响起。舰上的炸弹和鱼雷全都爆炸了。

10分钟后，"苍龙"号丧失了行动力，轮舵和消防系统被彻底炸毁。

因为火势太猛，舰员被迫逃到甲板上，连续不断的大爆炸把很多舰员炸到了海面上。

10时45分，柳本柳作舰长下令弃舰。一时间，很多士兵为了躲避大火纷纷跳海。"滨风"号驱逐舰和"矶风"号驱逐舰赶来营救，但效果甚微。

惟有柳本舰长仍站在熊熊燃烧的航空母舰的舰桥上，颇有点武士的"气节"，誓与航母共存亡。驱逐舰上的舰员们让相扑冠军阿部兵曹去把他抱出来。

当阿部兵曹回到"苍龙"号舰桥时，看到柳本舰长手持军刀，坚定地注视着前方。

阿部兵曹来到舰长面前，大喊："舰长，我代表全体舰员，接您去安全的地方。"

阿部走上前去，想把舰长抱到小船上去。可是，柳本舰长冷酷的面孔迫使阿部停下了。当阿部独自离开时，"苍龙"号已变成火龙，甲板温度陡增。

当"赤城"号、"加贺"号和"苍龙"号传来巨大的爆炸声时，"飞

龙"号航空母舰的山口舰长正在向飞行员们训话："你们已经是南云舰队的最后一批飞行员了……"飞行员们无法相信，几分钟前，南云舰队面对美军飞机的攻击，还是游刃有余。

上午 10 时 40 分，18 架俯冲轰炸机，在 6 架战斗机的掩护下，从"飞龙"号航空母舰上启程，前去寻找美军的航空母舰。

只靠日军飞行员是无法找到的，但是，他们紧紧跟在莱斯利率领的返航机群后面。美军轰炸机把日军飞机带到了弗莱彻将军的"约克城"号航空母舰上空。

在高空警戒的 12 架美军战斗机，冲进日本机群进行拦截，击落了日机 6 架。

日本轰炸机立即向下俯冲，有更多的日机被密集的防空炮击落，但有 3 颗炸弹击中"约克城"号。炸弹在"约克城"号舰舱内引爆，炸死许多美军舰员。

日军飞机飞走以后，海面上十分宁静，日军共有 13 架轰炸机和 3 架战斗机被击毁。

返航的日军机群马上向山口多闻报告：击中了"约克城"号。

"约克城"号航空母舰上的舰员的拼命抢救，使舰上的大火被扑灭了。"约克城"号继续航行，飞行甲板上的飞机仍能起飞。

不久，日军 10 架鱼雷攻击机在 6 架战斗机的掩护下，紧贴海面扑来。

它们是从"飞龙"号航空母舰上起飞的第二批飞机。它们将不再冒烟的"约克城"号当成了其他的航空母舰，对"约克城"号再次发动攻击。鱼雷机发射的鱼雷命中了"约克城"号，摧毁了舰上的动力、照明和通讯设备。

"约克城"号向左侧倾斜，但仍然浮在海面上。后来，舰长伊利奥特·巴克马斯特下令弃舰。

结果，美舰队只剩斯普鲁恩斯少将的两艘航空母舰了。

可是，"约克城"号仍然在海面上漂浮，并由一艘扫雷舰拖往珍珠港。6月6日早晨，日军潜艇发现了"约克城"号，朝它发射了两枚鱼雷，又向为"约克城"号护航的驱逐舰"哈曼"号发射一枚鱼雷。驱逐舰被击沉，舰上有1/3的舰员丧命。6月7日早晨，"约克城"号突然倾覆，沉入海底。

6月4日下午2时45分，一架美国侦察机报告，一支日舰队正朝西面航行。日舰队由2艘战列舰、3艘巡洋舰、4艘驱逐舰和"飞龙"号航空母舰组成。

在"企业"号航空母舰上的斯普鲁恩斯将军，立即出动所有还能参战的飞机。24架美军俯冲轰炸机滑出甲板，向"飞龙"号飞去。

下午5时，日军舰队瞭望哨报告："美军俯冲轰炸机！"

在"飞龙"号航空母舰上，水兵们发现在西南方飞来一长串飞机，就像一条长蛇。

6架零式战斗机飞过去进行拦截，击毁2架美机。其他的美机俯冲下来了。

美机从耀眼的太阳方向钻出，冲向"飞龙"号航空母舰。

炸弹激起巨大的浪花，随后落下的4枚重磅炸弹，穿透了飞行甲板，相继爆炸。

"飞龙"号上的日军舰员拼命救火时，从中途岛飞来的轰炸机群也赶来了，它们扔下了很多炸弹，无一命中。

又有更多的轰炸机，从夏威夷赶来。结果，"飞龙"号难逃沉没厄运。中途岛西北的海面，变成了火葬场。

6月4日21时23分，海水大量涌进，"飞龙"号开始倾斜，很快丧失了行动能力。6月5日凌晨"飞龙"号沉没。

当南云舰队遭受灭顶之灾时，山本五十六正指挥着主力舰队，在南云舰队后边450海里的洋面上航行。

6月4日上午10时30分，"'赤城'号着火"的电报突然打破了山本五十六的计划。

山本五十六一言不发。20分钟后送来了第二封电报，山本五十六仍然一言不发。

6月5日零时15分，山本五十六命令近藤和南云停止进攻美舰队和炮击中途岛的军事行动，与主力舰队会师。

由于美舰队已经向东撤退，与美舰队进行水面决战已经不可能。若南云舰队继续向东追击，天亮后会遭到美航空母舰的舰载机和岸基攻击机的攻击。山本五十六决定取消攻占中途岛的所有计划；中途岛登陆部队和机动编队与主力会合，联合舰队将于6月6日上午在北纬33度，东经170度海面加油。警戒部队、"飞龙"号航空母舰和"日进"号水上飞机母舰应赶往加油地点；运输船队向西撤退。

"约克城"号航空母舰被日军重创，船体严重倾斜

对于山本五十六的决定，心急如焚的参谋们无法接受，他们要求攻下中途岛。首席参谋黑岛叫道："长官，'赤城'号还没有沉没。若被美国拖去当成了战利品，那真是奇耻大辱呀！我们不能用陛下鱼雷来击沉陛下的战舰呀！"

一位参谋说："就这样回国，我们如何向天皇陛下交差？"当天下午，"加贺"号航空母舰和"苍龙"号相继于4：25分和4：30分沉没，但"赤城"号和"飞龙"号航空母舰正在海上燃烧。

这位参谋的话仿佛使整个房间变成了真空，人们几乎连气都喘不上来了。山本五十六难过得哭不出来。很久，山本五十六语气缓慢而沉重地说："我曾经是'赤城'号的舰长。现在又必须由我下令把它击沉，遗憾之至。全部罪责都由我承担，我自己去向天皇陛下请罪。"

"苍龙"号航空母舰的幸存者站在驱逐舰上，注视着正在倾斜的"苍龙"号。

与"苍龙"号一同下沉的，有700多名舰员，包括把自己绑在舰桥上的柳本舰长。

山本五十六命令"野分"号驱逐舰去击沉"赤城"号。该舰舰长古闲孙太郎说："我是多么难过呀！'赤城'号是我在太平洋战争中的第一个射击目标。"有221名舰员随该舰沉没。

6月5日晚上11时55分，山本正式下达撤退命令。

这时，栗田的第7巡洋舰战队的"熊野"号、"铃谷"号、"三隈"号和"最上号"4艘重巡洋舰以及第8驱逐舰分队的2艘驱逐舰正在执行炮击中途岛的任务。

联合舰队的参谋们根据栗田的报告，核对了栗田部队的具体位置，栗田距离中途岛比他们估算的远很多，认为炮击任务是无法按时执行的。在午夜后，参谋们命令栗田撤退。

栗田接到命令时，离中途岛只有90海里。

日舰"熊野"号发现右舷有艘美军潜艇，栗田下令向左转舵。同时，"熊野"号用信号灯向二号舰"铃谷"号发出紧急转向警报信号，"铃谷"号接到信号后，立即转向并发出警报信号。"三隈"号也发出警报信号，并立即转向。后面的"最上"号撞上了"三隈"号左舷。

"最上"号前炮塔的舰首部分被撞断，并停止航行。"三隈"号仅受了轻伤。"最上"号仍能维持12节航速。栗田让"三隈"号、"荒潮"号、"朝潮"号替"最上"号护航。

栗田指挥"熊野"号、"铃谷"号继续向加油地点驶去，与山本五十六率领的主力舰队会师。

拂晓后，"最上"号和护航舰以12节航速向西驶去，它们随时都可能遭受美机或美舰的攻击。

6月5日天亮后，中途岛出动12架俯冲轰炸机前往轰炸，弗雷明驾驶的飞机撞向"三隈"号，使"三隈"号受到重创。下午，12架美军轰炸机再次攻击，投下的80颗炸弹都没有击中。

美军航母舰队的兵力不足，只能选择一个目标攻击。当美军舰载机追到时，"飞龙"号航空母舰早已沉没，只好攻击护航的驱逐舰。

美军航母舰队3次派出飞机进攻后面的两艘巡洋舰，将"三隈"号击沉，使"最上"号受重创，"最上"号逃到了特鲁克。

斯普鲁恩斯认为飞行员已经疲惫不堪，况且附近海域又有日军潜艇出没，再加上距离威克岛太近，岛上的日军拥有陆基飞机，于6月6日黄昏下令返航。这一决定挽救了美航母舰队。

原来，山本五十六听说美航母舰队在后面追击后，下令把美航母舰队引向威克岛，命令"凤翔"号和"瑞凤"号轻型航母上的飞机，战列舰、巡洋舰和水上飞机母舰所携带的水上飞机，共100架，与岛上的岸基飞机同时攻击，还派3艘巡洋舰和8艘驱逐舰前去助战。

根据双方航线推算，若美航母舰队继续驶向威克岛，将在夜间与日舰队相遇。

结果，斯普鲁恩斯下令撤退，中途岛海战结束了。

中途岛海战，美太平洋舰队只损失了 1 艘航空母舰、1 艘驱逐舰，损失了 147 架飞机，307 名官兵死亡。日本海军损失惨重，共有 4 艘航空母舰和 1 艘巡洋舰被击沉。180 架飞机沉入大海；54 架飞机被击毁，约有 2500 名官兵死亡。

中途岛海战，尼米兹提前发现山本五十六的攻击计划，是日海军失败的最主要的原因。

中途岛海战，日海军惨败的另一个原因是海军兵力的部署不当。山本五十六仍像偷袭珍珠港那样的分散部署兵力，结果各部队的兵力都很薄弱。司令官应该了解全局并且对各部队保持控制。

由于参加中途岛作战的舰只实行无线电静默，在"大和"号旗舰上的山本五十六无法跟各舰队联系。因此，山本五十六无法将东京发来的最新情报发给南云，更不能对南云舰队的作战施加任何影响。

中途岛海战惨败后，日本再也没有力量发动大规模的海空作战。日军掌握的太平洋战区的战略主动权，也被美军夺走了。

第五章

血战阿拉曼

隆美尔兵抵阿拉曼

在7月的苦战中，英军伤亡近2万人，但成功地阻止了德军前进的步伐。

1942年初，德意联军在北非发动了大规模进攻，英军一路撤向埃及境内。

埃尔温·隆美尔为此晋升为德国元帅。面对节节推进的德军，隆美尔不无自毫地说："等我明天赶到亚历山大郊区时，我们一同去开罗喝洒。"

德军的一支战斗小分队一路上没有遇到太大的阻碍，于1942年6月30日来到一个距离亚历山大仅80公里的小村庄，这个小村庄叫阿拉曼。

面对德军的大举进攻，开罗和亚历山大都沸腾了。英军官和政府官员们都在忙着烧毁文件，英国大使馆和英军总司令部上空弥漫着浓浓的黑烟。许多道路上挤满了客车和卡车，一列列火车上挤满了难民。

在亚历山大，担心金融崩溃的人们在一天中就从勃克莱银行取走了100万英镑。

在埃及首都开罗，商人们正在战乱中投机发国难财。有的商人囤积居奇，有的商人劝人们购买绷带以防止空袭。

在两座混乱的城市中，唯一镇定的是那个既快乐又严肃的英国大使马尔斯·拉姆普森爵士。

拉姆普森爵士在穆罕默德·阿里俱乐部举办了80人参加的宴会。拉姆普森爵士笑着说："当隆美尔来到时，会很容易找到我们的。"

当时，英国第8集团军的担子很重。在前几个星期中，英国第8集团军损失了 5 万名士兵，虽然英军撤到了埃及前线，但被隆美尔紧追不舍。

隆美尔看到了胜利的希望，因此他要求继续向前进攻："再坚持一下"。他这样对官兵们训话："开罗就是我们的了。"

6 月 23 日，遭受追击的英国第 8 集团军被迫在马塞马诸附近构筑一道新防线。突然，中东英军总司令克劳德·奥金莱克意识到马塞马诸附近英军面临着被歼灭的危险，立即下令英军撤守到阿拉曼地区的有利位置。

没想到，隆美尔又抢先一步发起了进攻：许多英国官兵被拖在马塞马诸要塞一带，这些侥幸逃生的官兵遭到了德军的围攻。

这样，第 8 集团军遭受了更大的损失。

6 月 30 日晨，隆美尔制定了行动计划：德军装出向卡塔腊盆地进攻的姿态，而于当天夜晚进驻阿拉曼车站西南近 20 公里处的阵地。

不久，隆美尔下令将进攻的时间推迟 24 小时，以便使德意联军能准备得更加充分。

隆美尔没有想到的是，由于他的这一决定给奥金莱克和英军赢得了宝贵的一天时间，对于奥金莱克来说，宝贵的准备时间比坦克还要重要。

奥金莱克抓住这一天的时间加固了阿拉曼的防御工事。在阿拉曼防线，奥金莱克决心固守待援，他身边的兵力太少了。而隆美尔更缺少供应，德军的补给线在后方长达几千里，德军的士兵已经累得快不行了。这两支残军都在积极准备，准备歼灭对方。

很快，奥金莱克调来了更多的英军部队。奥金莱克在阿拉曼挖壕坚守。

在以后的 6 个星期里，奥金莱克与第 8 集团军的官兵们一起睡在露天，吃一样的食物。奥金莱克用自己的镇定来鼓舞第 8 集团军官兵的士气。

阿拉曼防线长达 64 公里，由一系列被人称为"盒子"的据点连成。错综复杂的地雷区被铁丝网紧紧地包裹着，英军修筑了坚固的碉堡、防空

洞和土木工程。

阿拉曼防线从蓝色地中海向南一直蜿蜒到贫脊的山地，这片山地是卡塔拉谷地的边缘。卡塔拉谷地位于海平面 208 米以下，重型车辆不可能通过。德军无法从侧翼进攻阿拉曼防线，隆美尔就算再厉害也只能从正面进攻。

同时，奥金来克开始为应付失败而做准备。6 月 30 日，奥金莱克派助手霍姆斯去后方组织尼罗河三角洲的防御。

一切部署好了以后，奥金莱克在他紧临前线的指挥部中等待隆美尔的进攻。

7 月 1 日，奥金莱克下令：必要时从阿拉曼撤退。奥金莱克认为，在现在的条件下，在阿拉曼下达"不准撤退"的命令太愚蠢了。

因为，他除了兼任第 8 集团军司令官以外，他主要是中东英军的总司令，考虑问题时必须着眼于全局。

他必须保存第 8 集团军的实力，为了赢得第二次世界大战的胜利，海湾地区的石油比埃及重要多了。

同一天，德军对阿拉曼的进攻开始了。由于隆美尔判断错误，德军发动的进攻失败了。

德军发现迪尔阿卜德没有英军据点，但在 5 公里以东的迪尔西因却有新的据点。

这个据点的英军把德军牢牢地挡住了，到了傍晚，英军击毁了隆美尔剩下的 50 辆坦克中的 18 辆。增援上来的英军装甲部队使德军无法向前推进。

隆美尔不甘示弱，指挥德军趁月色发起进攻。只剩 1/6 兵力的德军第 90 装甲师的步兵和机枪手们爬上卡车和装甲车，展开队形向阿拉曼进发，企图突破阿拉曼防线，遭到英军步兵和炮兵火力的疯狂射击，仓皇逃回。

德军作战处长冯·梅林津回忆道："到了7月1日，我们的胜利已经变成了泡影。我们以巧妙的机动来打击敌人，其实我们陷入与英军的消耗战中。"

这时，奥金莱克亲赴阵地，巡视防线，指挥作战。7月2日，虽然德军仍在进攻，但奥金莱克找到了德军的弱点，向德军进攻部队缺少保护的南侧发动猛烈的反攻。隆美尔被迫抽调德军第15装甲师赶去支援。

7月3日，隆美尔指挥德国第90轻装甲师和意大利塔兰特师朝阿拉曼的据点发动突击，以便进行中间突破。奥金莱克指挥装甲部队进行抗

英军总司令奥金莱克（左）与前线士兵

击。下午，勇敢的新西兰师进攻意军战斗力最强的阿里塔师，新西兰师的步兵都上起了刺刀，发起集团冲锋。

新西兰师第 19 营在向阿里塔师的侧翼发动进攻时，俘虏意军 400 人，其他意军扔掉武器，四散而逃了。

7 月 3 日，隆美尔为了突破亚历山大港前的阿拉曼防线，已指挥德军进攻了几天。几天来，隆美尔成天待在前线，住在指挥车里或者趴在坑里。

英军空军对德意联军的威胁太大。隆美尔向德军最高统帅部发电，报告说从 6 月中旬开始的追击已经结束。

德军已经无力进攻了，装甲部队只剩下 12 辆坦克。但是，隆美尔想，只要几天内补给跟上来，他就能再次进攻了，像拿破仑一样进入开罗。

奥金莱克决定迫使德军停止进攻，他发动了多次反攻，打乱隆美尔几天后即将发动进攻的计划。

7 月 3 日晚，奥金莱克给前线官兵发了一封电报给予鼓励："第 8 集团军的全体官兵，打得好！这是让人高兴的一天，只要我们坚持住，胜利就是我们的。"

从此，德意联军与英军展开了消耗战，奥金莱克经常向隆美尔发起进攻。

后来，奥金莱克更加倾向于攻打意军，取得了辉煌的战果，气得德军大骂："意大利人该尝尝皮鞭的滋味了，6 辆英军坦克竟消灭了意军的一个营。这些意大利人在死以前这么胆小，这真是丢尽了罗马祖先的脸面，我们为总司令不得不和意大利部队合作而感到遗憾。"

英军的小规模进攻给隆美尔带来了十分严重的后果，德军的装甲部队失去了平衡，还把隆美尔准备用来作为进攻的库存汽油和弹药消耗光了。

隆美尔看到，英军正在把意军一点一点地消灭掉，这样下去，德军的力量将会变得更加单薄，从而无力抵御英军的进攻。

德军对阿拉曼防线的进攻完全失败了，隆美尔被迫承认这一点。

隆美尔发现奥金莱克对于兵力的运用很有一套。

虽然德军不断地向英军的阿拉曼防线发起进攻。然而，奥金莱克巧妙地运用坚守与进攻相结合的战术把隆美尔死死缠住了。

奥金莱克以超前的战略部署、杰出的指挥使英军终于守住了阿拉曼防线。在 7 月的苦战中，英军伤亡近 2 万人，但成功地阻止了德军前进的步伐。

蒙哥马利备战哈勒法

经过哈勒法山阻击战后，英军官兵的自信心大增。哈勒法山阻击战是英军进入北非作战以来赢得的最大的胜利。

英军在阿拉曼防线挡住德军进攻的时候，德军装备、弹药和给养匮乏，兵力严重减员，如果英军在那时组织起一次大规模的进攻，那么沙漠战争就很可能已经结束了。

谨慎的奥金莱克决定暂时停止进攻，整编军队，这就给德军一些时间来休整和补充兵员。

德军和英军在静止不动的阿拉曼防线死死地对峙着，这种阵地战是隆美尔十分厌恶的，但装备优良的英军却擅长打阵地战。幸亏德国空军的"俯冲式"轰炸机再次轰炸英军阵地，这使德军恢复了一点士气。

当隆美尔听说英军撤离了南部防线的卡雷特拉布特据点时，他又忍不住诱惑了。隆美尔命令第21装甲师和意大利"利托里奥"师去占领卡雷特拉布特据点。

英军令人不解地撤离了这一重要据点，给了德军一次难得的机遇，隆美尔认为应全力进攻已经快崩溃的英军防线。

当英军的大炮不断地向北部前线靠海的那一端轰击时，德军上当了。原来，奥金莱克将军已经把主力部队调到了北边，先进攻北部前线相对薄弱的意军。

在进攻中，澳大利亚第9师的老兵们从阿拉曼防线的据点中发起了集团冲锋，他们向西冲去，打垮了意大利师，顺着海岸公路把意军追到特勒艾莎高地，又占领了特勒艾莎高地。拼命逃跑的意大利官兵一片混乱，逃到前线后面几公里的隆美尔指挥所，德军将这一情景称为"最后的恐慌和溃退"。

澳大利亚第9师的进攻，使隆美尔失去了德军情报部门在监听英军通讯信息方面表现杰出的"信号窃听部"。"信号窃听部"的指挥官和大多数人员都被击毙，密码本和其他装备都被炸毁了。

第二天，德军发起进攻，德军的目标一直没有变——冲过澳军在特勒艾莎的突击部队，到达海边。然而，在英国皇家空军猛烈的空中轰炸后，澳军在大炮的掩护下把德军再次打退。

在以后的几天中，进攻的组织者在英军和德军之间来回转换，一会是进攻者，一会又变成了撤退者。奥金莱克逐渐把主力调往防线的中部，那里是胆小如鼠的意军。奥金莱克的妙计奏效，隆美尔被迫用炮轰才挡住了英军强大的攻势，他还被迫把德军和意军编在一起，以加强防御力量。

7月底，战斗仍未停止。很明显，德军已经无力突破防线了。在空军的掩护下，奥金莱克掌握了主动权。隆美尔正在打一场注定失败的消耗战：德军的兵员和供给品又快消耗光了。

夜晚，隆美尔命令德军挖壕固守，然后给大本营发报，说他停止了进攻。德军原来胜利在望的这次进攻战，现在停止了。

尽管如此，德军兵临阿拉曼，还是在伦敦引起了轩然大波。当时，打败"沙漠之狐"隆美尔成为英国上下一致的心愿。然而，奥金莱克将军在北非却正在准备后退，显然，他不能为大英帝国创造奇迹。

丘吉尔任命第13军军长戈特将军为第8集团军司令。但是，8月7日，戈特乘飞机前往北非上任，途中被德机击落，"出师未捷身先死"。于是，刚刚被任命为第1集团军司令不到24小时的伯纳德·蒙哥马利被改任为第8集团军司令。

这是蒙哥马利一生中的最重大的转折。

1942 年 8 月 12 日早晨，蒙哥马利走马上任第 8 集团军司令，他在开罗机场走下飞机时，英军第 8 集团军的军事机关正忙于焚烧档案，准备撤退。而亚历山大港的英舰已经离开了那里。

蒙哥马利到达司令部后，立即宣布：取消所有准备撤退的命令。

此时的阿拉曼，双方已经形成僵持态势，隆美尔和德国最高统帅部已经决定放弃进攻。然而，急于攻占阿拉曼防线，并想一举扭转战局的希特勒不甘示弱，要求隆美尔继续攻打阿拉曼防线。意大利统帅部也要求隆美尔不管遇到多大的困难也不要撤退。

经过认真研究，隆美尔发现战局对他非常不利。但由于两国统帅部的不断施压，隆美尔不顾官兵疲惫、给养匮乏，以及燃料缺乏的不利情况，决定执行命令。

阿拉曼防线北临地中海、朝南蜿蜒 64 公里到达卡塔腊洼地的盐碱滩。阿拉曼防线地势复杂，英军守卫严密，很难攻打。阿拉曼防线没有装甲部队能够绕过的开阔地带，又很难从正面突破，隆美尔觉得德军不能给英军更多的时间积蓄力量，德军必须进攻。

于是，隆美尔计划以哈勒法山为突破口，从哈勒法山以东率军北上，再向贝尔哈凯姆方向进攻海岸。接着，横扫英军防线，摧毁英军第 8 集团军，粉碎阿拉曼防线，占领苏伊士运河地区，扭转不利的局势为占领开罗打通道路。

隆美尔的军事部署是大胆而新奇的，命令德军第 164 师和意军的"特伦托"师和"博洛尼亚"师通过进攻来牵制阿拉曼防线北部的英军第 36 军。再以德军第 90 轻装甲师、第 15 装甲师和 21 装甲师、意军摩托化军（下辖"艾里特"师和"利托里奥"师）、"富尔戈雷"师和侦察大队，朝阿拉曼防线最南端的据点希迈马特的英军第 13 军发动进攻。

希迈马特是英军防御的薄弱处，阵地前只有雷区进行了封锁。通过认真研究后，隆美尔为德意联军的进攻计划积极准备。隆美尔的作战目的

英军第 8 集团军司令蒙哥马利

是，从南端冲过英军防线，部分兵力向东进发 32 公里抵达左侧的哈勒法山，再绕过山脊，对英军的主力部队形成包围，然后发起进攻。同时，部分兵力向北到达海岸，再向东进攻，切断英军的补给线，使英军原地固守，坐以待毙，或者朝西突围，退出埃及。

隆美尔的军事计划可以说是完美无缺的，然而他并不知道等待德意联军的将是陷阱。

根据英国"超级机密"所提供的重要情报，英国第 8 集团军总司令蒙哥马利对隆美尔的作战计划已经了解，正在积极准备应战，决定调重兵坚守战线南端和哈勒法山地。

当时，英军的主要部队为 8 个师。北部阵地由第 9 澳大利亚师的主力坚守特勒埃萨突出部，第 1 南非师坚守第 9 澳大利亚师的阵地与鲁瓦伊萨特岭之间的地区，第 5 印度旅坚守鲁瓦伊萨特岭阵地，岭南的第 2 新西兰师坚守代尔穆纳西卜高地，第 44 师和第 22 装甲旅坚守哈勒法山，

第 7 装甲师藏在东南部，作为预备部队。英军官兵士气旺盛，积极准备迎击德意联军，一旦德意联军发动进攻，马上给予痛击，让德意联军失去还手能力。另外，蒙哥马利派人布设了 6 个连在一起的地雷区，修筑了坚固的炮台。

英军的每个步兵师都装备了威力更大的新式 6 磅反坦克炮。英军部署在防线前沿的 713 辆坦克中，其中有 164 辆是美制坦克，这些美制坦克装备了性能优良的 75 毫米炮。

当时，双方的实力对比是英军远远强于德军。英军的坦克比德意联军多了 1/5，飞机比德军多了 4 倍。8 月，英军获得的补给是德意联军的 10 倍。当时，英军的装备和官兵的素质都超过了北非战争以来的任何时候，而德意联军在人员和装备补给上已经处于最低点，形势对德意联军是非常不利的。

1942 年 8 月 26 日，隆美尔向最高统帅部报告，他即将指挥德军进攻。隆美尔抱病巡视了沿线阵地，准备向阿拉曼防线上的英军发起大规模的进攻。

8 月 30 日，隆美尔下令进攻。

30 日晚 10 时，德军装甲部队向英军的地雷区开始进发。

当德军装甲部队通过德军的防御阵地时，工兵们拿着小手灯，指引坦克通过布雷区的缺口。很快，德军装甲部队加快速度，朝英军防线扑去。

到达英军的地雷区后，德军工兵下车在雷区排雷。忽然，英军的轻重机枪、火炮和迫击炮同时开火。密集的子弹射向在雷区的德军工兵，炮弹似雨点般不断砸向德军坦克群。

对德军来说，更加可怕的事情发生了。凌晨 2 时 40 分，德军阵地被英军的照明弹照得亮似白昼，英国空军发动了大规模的空袭。

正在指挥作战的德军第 21 装甲师师长冯·俾斯麦将军被一发迫击炮

弹击中，当场丧命。

几分钟后，一架英军轰炸机轰炸了德军指挥官涅林的指挥车，击毁了涅林的电台。涅林和手下的很多军官当场身亡，拜尔莱因马上换乘另一辆指挥车，担任德军的临时指挥官。

8月31日上午，德国工兵不顾枪林弹雨，在英军地雷区中打通了一条道路，隆美尔下令继续进攻。

8月31日夜，照明弹把德军阵地照得通明透亮，英国皇家空军的轰炸机群疯狂地轰炸完全暴露的德军。

英军的炮群发射了密集的炮弹，不断地砸向德军。

9月1日晨，德军第15装甲师准备围攻英军第22装甲旅，遭到猛烈的打击，被迫撤退。下午，德国第15装甲师再次发动进攻，被藏在工事里的英国第10装甲师的坦克击退。

蒙哥马利指挥英军，对德军形成包围圈。天黑前，德军发动了3次突围，都失败了。

战斗持续到9月2日上午，德军伤亡惨重，燃料紧缺，无法向前进攻。隆美尔不得不被迫停止进攻，当夜命令德军逐步退回出发阵地。

9月2日下午5点30分，凯塞林来到隆美尔的指挥车上，凯塞林面容严峻地告诉隆美尔：这一失败破坏了元首的战略部署。

隆美尔努力解释为何下令停止进攻，他详细地叙述了英国空军猛烈而可怕的空袭，请求德国最高统帅部从根本上解决给养状况。

同样，蒙哥马利也下令停止了进攻。蒙哥马利认为，凭目前的英军实力，还不可能彻底歼灭德意联军。蒙哥马利不想让英军装甲部队像以前那样在追击时被隆美尔收拾掉。蒙哥马利决定继续做好防御准备，在绝对有把握的时候才向德军发起总攻。

在这次战役中，德意联军死亡570人、伤残1800人、570人被俘虏；损失50辆坦克，15门大炮、35门反坦克炮、机动车400辆。英军伤亡

1751 人，损失 68 辆坦克、18 门反坦克炮。

就这样，德意联军失去了进攻开罗的最后希望。隆美尔已经丧失了主动权，没有力量发动进攻。这就使德意联军在下一次阿拉曼战役中注定会失败。

经过哈勒法山阻击战后，英军官兵的自信心大增。哈勒法山阻击战是英军进入北非作战以来赢得的最大的胜利。

大战在即

> 蒙哥马利的作战计划不符合常规，冒有很大的风险。

经过哈勒法山战役之后，隆美尔率残部退守阿拉曼以西的卡塔腊洼地防线。

卡塔腊洼地防线正面宽 60 公里，纵深为 20 公里，北临地中海，南临坦克无法通行的卡塔腊洼地，两侧完全无忧。

时值 1942 年夏末，每个人都感觉到了大战在即的紧张气氛。问题是什么时候开战，不管是在开罗城的酒吧，还是在英国第 8 集团军的阿拉曼防线，人们正在不停地争论着即将开始的战役。能确定的事情是：这场战役比北非大漠所发生过的任何战役都要大。

突破和占领卡塔腊洼地，意义重大。如果能把德意联军击退，并使德意联军遭受重大的损失，德意联军将无法在北非立足。

这时，德意联军经过长期的沙漠连续作战，在体力、兵员和装备、给养消耗上都达到了顶峰。德意联军难以得到及时的补充，战斗力急剧下降。

在"超级机密"情报的指引下，英国空军给意大利补给船队和北非港口以准确而沉重的打击，打乱了德国和意大利的后勤补给计划。隆美尔计算，在 1942 年的前 8 个月中，德意联军只得到最低补给量的 40%。

无论从兵员的数量和装备的质量上看，德意军队明显处于劣势。特别是在装甲车和坦克等机动作战装备方面。

由于各种不利因素的制约，隆美尔被迫打一场阵地战：利用步兵坚守阵地，不惜一切代价，阻止英军的进攻。一旦英军攻入防线，马上发动反

攻，把英军歼灭，以阻止英军冲破防线，造成难以控制的局面。

隆美尔在整个阵地上建立了 8 ~ 13 公里宽的防御体系。隆美尔让部队坚守阵地，阵地最前沿埋设了大面积的雷区。

第一道地雷区纵深为 900 ~ 1800 米，后面是无人区，只设立了少数哨所进行监视；再后面 1800 米处是主阵地，由德意联军步兵重点防守，装备高爆炸弹、火炮以及反坦克炮。

主阵地后面部署了装甲部队。整个布雷区威力最大的是北部雷区，纵深长达 4500 ~ 8200 米，布设了 50 万颗地雷。雷区中修筑了防御点，号称"魔鬼的花园"，容纳了相当兵力。与北面雷区相比，南部雷区虽然较小，但南部雷区占据有利的位置，防御力量也很强。

德意联军共有 4 个德国师、8 个意大利师，其精锐部队是 4 个装甲师和 2 个摩托化师。德意联军装备了 490 辆坦克、1,200 门火炮、675 架飞机，总兵力约为 10 万人，其中德军 5 万人。

经过重组后，兵力的配置产生了变化。德军和意军混合编成了 6 个步兵师，坚守主阵地。德军装甲部队第 21 装甲师率意军"利托里奥"师坚守战线南端，德军装甲部队第 15 师率意军"艾里特"师坚守战线北端。

德军第 90 轻装甲师作为预备队进驻北段后方海岸一带。意军装备太落后，士气不振，为了提高意军的士气，隆美尔把德军和意军混合编组，部署在阵地上，在很大程度上取得了预期目的，却影响了隆美尔在关键时刻对德军的集中使用。

当时，蒙哥马利正在策划一个庞大的作战计划，那就是在阿拉曼发动一次大规模的进攻，彻底歼灭德意联军的主力，当那一天来临以前，时机还不成熟时，蒙哥马利不会贸然进攻的。

英国第 8 集团军下辖第 10 军、第 13 军和第 30 军，共 11 个师又 6 个独立旅，精锐部队是 4 个装甲师和 2 个装甲旅。

英军拥有 1 200 辆坦克、2 310 门火炮和 750 架飞机，总兵力约为 19.5

万人。

蒙哥马利的作战目的是，攻占德意联军的防御阵地后，立即向西追击，攻占昔兰尼加和利比亚首都的黎波里，与即将在法属北非登陆的美英联军会师，把北非的德意联军全部歼灭。

9月14日，蒙哥马利制定了阿拉曼战役的进攻计划，被称为"捷足"计划，决心于10月23日夜晚开始实施。

英军军事部署为：

利斯将军率领第30军，下辖澳大利亚第9师、苏格兰第51师、新西兰第2师和南非第1师，从北面主攻德意联军阵地，负责歼灭德意联军的步兵部队，在地雷区开辟两条通道。接着，由拉姆斯登将军率领第10装甲军，通过两条通道，占领开阔地带，阻击德军装甲部队的反攻。第13军军长霍罗克斯率领第7装甲师、第44师和第50师在南面进行佯攻，牵制德军装甲部队，支援第10军展开进攻。第13军必须避免严重损失，特别是第7装甲师必须保持实力，以便向德意联军防线的纵深地带推进后能够机动作战。

蒙哥马利企图同时进攻德意联军的两侧，但不打算率先从两侧发动，而是从中央偏右处进攻，等第30军突破防线后，再根据具体情况，选择最佳的（或左或右）方向，进攻德意联军。

10月6日，蒙哥马利改变了"捷足"计划，修改后的"捷足"计划作战原则与原来大不相同。这个计划就是在使隆美尔相信英军的进攻方向在南部防线，并向南部防线增兵的同时，第8集团军率先对德军步兵部队发动歼灭战，并把德军装甲部队拖住，使其无法前往救援，再用密集的装甲部队摧毁德军装甲部队，把德军装甲部队彻底歼灭。

这个计划是一项大胆革新，蒙哥马利改变了以前先用装甲部队击败敌军的装甲部队，再歼灭暴露的敌军步兵的传统战法，而把传统战法完全颠倒了。

蒙哥马利的作战计划不符合常规，冒有很大的风险。

蒙哥马利认为，阿拉曼战役能否取胜，关键在于让隆美尔上当。为此，蒙哥马利进行了代号为"伯特伦"的欺骗计划。"伯特伦"计划的主要目的，就是把准备从北面发起进攻的部队藏起来，不让德军发现，相应的，需要制造从南部防线进攻的假象。

在旷野沙漠，要让拥有 1000 多辆坦克、1000 多门大炮、几千辆机动车、几万吨给养和 81 个步兵营的进攻部队，通过视野广阔的沙漠，而不被德军发现，简直太不可思议了。

每样东西的伪装和暴露，都事先经过了精心的策划。蒙哥马利下令用假车伪装成坦克和其他车辆的运动。

英军在距离阿拉曼车站附近，伪装了一个巨大的物资储备场，从表面上无法识破。另外，为了让隆美尔相信威胁来自南部。9 月 27 日，蒙哥马利下令在南部铺设了假输油管道，修筑了假油泵房、储油罐和蓄水池。

一切做得十分隐密，哪怕是最先进的德军高空侦察机和高倍望远镜，也无法察觉出真假。这时，英军的情报机构的活动十分活跃，大力支援"伯特伦"计划，故意露出一些假情报，以使隆美尔相信威胁来自南部。

10 月 21 日，英军的一切伪装和欺骗手段都做好了，各种情况表明，隆美尔已经相信英军将从阿拉曼防线以南发起进攻。

在此以前，英军官兵们的休假和外出活动正常进行，以免露出马脚，但在 21 日，蒙哥马利下达命令，一切休假和外出活动都被禁止，所有离开部队的人马上回到部队做好作战准备。

英军的粉碎性进攻

　　隆美尔察看一张缴获的英军作战地图，证实了自己的判断是准确的。但这时，德意军队已经没有足够的力量发动反攻了。

　　在漫长的运输补给线上，德意联军的车队经常遭到英军的空袭。德意联军急需的军需物资都从德意联军所占领的港口长途跋涉运送过来——从托布鲁克大约300英里，从班加西大约600英里，从的黎波里长达1200英里。隆美尔每个月急需3万吨给养，可是实际每个月只能得到6000吨。

　　使德意联军的困境雪上加霜的是，"沙漠之狐"隆美尔病了。整整一个夏季，隆美尔靠着惊人的毅力勉强地坚持着，可是，到了1942年9月23日，隆美尔病倒了。

　　隆美尔离开了阿拉曼，飞抵奥地利养病。担任临时总指挥的是大腹便便的乔治·施图曼将军，施图曼患有严重的高血压。情况对英军十分有利，但英军中却没有军官把即将展开的进攻战看做是一件容易的事情。蒙哥马利制定的作战计划的细节使所有的军官都清楚，战斗将是激烈的。

　　10月23日上午，蒙哥马利向战地记者们发表了演讲。蒙哥马利对胜利表现出的无比自信的姿态，使战地记者们印象深刻。

　　晚上9时40分，英军发起了总攻。突然，千百门大炮朝德意联军的炮兵阵地发出震耳欲聋的怒吼。德意联军的前沿阵地变成了火海，地上沙尘飞舞，遮住了明亮的月光。

　　20分钟后，密集的英军炮火再次把德意联军的前沿阵地变成了火海。炮击过后，借着曳光弹的光亮，一队队英军士兵，排着密集的队形，像群蚁一样冲进了烟幕。

22 时，英军第 30 军在德意联军的防线北部开始了冲锋。与此同时，英军在南部也发起了冲锋，与德军的装甲部队战在一起。

第 30 军第 9 澳大利亚师和第 51 苏格兰师到达雷区后，正在地雷区开辟一条通路。在其南面，新西兰师和南非师到达雷区，也在开辟一条通路。第 4 印度师从鲁瓦伊萨特山岭上的突出阵地向德军发动进攻，迅速插入德军阵地。

在战线的北端，1 个澳大利亚旅在特勒埃萨与地中海之间发起了冲锋。英军各部队不断地向前进攻，猛攻猛打。

德意联军突然遭受炮兵的重击，把代总指挥施图姆将军打傻了。施图姆怎么也想不明白，英军在北部战线怎么调集了那么多的大炮，没有任何情报显示，英军将从北部发动主攻。很快，德军第 21 装甲师师长向他报告，南部防线遭受英军的强大进攻，南部可能也是主攻方向。

很快，海岸巡逻部队向他报告，英国军舰在轰炸机群的掩护下，猛烈攻击靠近地中海的第 90 轻装甲师。结果，把施图姆弄得更不知怎么对付英军了。接着，许多通讯线路已被炸断。为了搞清真实情况，他乘一辆装甲车，向第 90 轻装甲师司令部方向驶去。

半路上，装甲车遭到英军炮兵的炮击，施图姆从车上掉了下来，心脏病进发，当场毙命。冯·托马将军继任代总指挥权。

此时，经验丰富的德军官兵已经从惊慌中冷静下来，组织起强大的火力，不断地向英军攻击。密集的炮弹落在英军工兵的排雷区，由于到处都是地雷，英军无法将部队展开，向前行进的速度迟缓了，部队的伤亡加大了。

战斗正在残酷地进行着。10 月 24 日凌晨 1 时，英军突破德军的前哨阵地，到达德军的主阵地，突破口的宽度为 10 公里左右。

凌晨 5 时 30 分，第 30 军的半数官兵到达预定地点，开辟了两条通路。第 30 军各师和第 10 军的第 1 装甲师、第 10 装甲师紧紧跟上步兵部队，分别通过北通路和南通路。

由于雷区的纵深很大，英军的步兵部队和坦克在通路上遭到猛烈的炮火打击，陷入进退两难的困境。

下午，苏格兰步兵师和第1装甲师组织起更大规模的进攻，杀开一条血路，穿越了布雷区，新西兰师的第9装甲旅碾过米泰里亚山岭。

在南翼进攻的英军第10装甲师被德意步兵部队死死地拖住，直到25日清晨仍然不能前进。很多英军坦克仍停在米泰里亚岭背后，被行动迟缓的步兵堵在后边，陷入狭窄通道内无法前进。

第13军在南面的进攻也遇到了强大的阻力，无法通过德军的地雷区，被迫停在德军的主阵地前。

面对严峻的战局，蒙哥马利及时对军事部署作出调整。之后，莫斯黑德指挥的澳大利亚第9师从25日夜开始，对德意联军阵地发动了猛攻，向前推进了3000码，在经过激烈的争夺战后，澳大利亚师于午夜时分，

英军坦克在阿拉曼沙漠中前进

占领了北面的第 29 号高地。

德军的一个营全部丧生，澳大利亚师付出了很大的代价。澳大利亚师不愧是一支劲旅，该师的一名士官，利用反坦克炮，一个人摧毁了德军的 5 辆坦克。

在这次战役中，英军炮兵和空军的作用不容忽视。与柯克曼准将的炮兵部队一样，科宁厄姆空军中将的空军自 23 日战役开始，就给予了有力的支援。

科宁厄姆拥有 550 架飞机，大多数是装备精良的"飓风"式战斗轰炸机，远远胜过德国空军。因为德军大部分先进的飞机和优秀的飞行员，都投入苏联战场了。

结果，英国空军变成了天空的主人。英国空军在整个战场上空不断地飞行，把炸弹投向地面的德意联军，一个个德军的工事和着陆场在巨响中被炸飞。面对英国空军的大规模空袭，饱受英国陆军追击的德国和意大利官兵，只能一边阻击英军、一边慌不择路地躲避来自天空的空袭，他们真是惨透了。

25 日深夜，隆美尔从奥地利疗养地赶回阿拉曼前线，他的这次旅行是闷闷不乐的。除了身体稍微康复外，两手空空地回来了。

希特勒许诺提供的新式武器，隆美尔一件都没有得到。另外，墨索里尼远远不能满足德意联军最低限度的军需要求，再有，更让隆美尔伤心的是，希特勒对他已经失去了信任。在回来以前，希特勒向隆美尔解释说，他是迫于无奈才让隆美尔继续统率德意联军的。

26 日清晨，隆美尔偷偷地侦察了被英军占据的第 29 号高地，他集中了所有的坦克，发起反攻，将英军打回原来的出发点。德意联军向第 29 号高地发动了猛攻，英军拼命抵抗，战斗打得激烈非凡。

夜间，一个意军营攻占了高地的东、西两面。英军仍然控制着第 29 号高地，成为重要的作战依托点。

很快，隆美尔投入了预备队第 90 轻装甲师，于 26 日夜开往南部防线。德军第 21 装甲师带着部分意军和炮兵增援北部防线。

隆美尔知道因为缺乏燃料，一旦英军再攻打南部，第 21 装甲师就不可能重新返回，德意联军将有被全歼的可能。可是，隆美尔首先必须面对的是顶住英军在北部发动的主攻，隆美尔只能这样做了。

27 日下午 3 时，隆美尔命令装甲部队和步兵主力向第 28 号高地发动进攻。可是，进攻失败了，德意联军在无法隐蔽的地面上遭受英国空军的狂轰滥炸。

隆美尔生气地坐在指挥车上，他在给妻子露西的信中伤心地写道："谁都不能真正明白压在我肩上的这副重担有多么重，没有一张稍微大一点的牌可打。虽然这样，我仍然希望能够渡过难关。"

夜里，心事重重的隆美尔失眠了，白天从阵地上看到的惨状像噩梦一样折磨了他整整一夜。第二天清晨，战斗打得更加激烈。英军已经以绝对的优势扑了上来，德意联军的弹药少得可怜。

隆美尔清楚，如果战败了，德意官兵的生死只能凭命运的安排了。战败后的一切都会让人难以忍受。但他深信自己已经尽了最大的努力去阻击英军。

3 天的连续进攻，英军伤亡 6000 人，损失了 300 辆坦克。这时，蒙哥马利认为必须谨慎行事，决定于 10 月 27 日和 28 日停止大规模军事行动。

蒙哥马利认为必须让第 30 军和第 10 军进行休整，补充兵员、装备和给养。蒙哥马利把南部战线第 7 装甲师调到了北部战线，准备与澳大利亚第 9 师一起通过海岸公路发动猛烈的进攻。第 13 军据守腰子岭和米泰里亚岭，新西兰师作为预备队。

28 日上午 8 点 50 分，隆美尔向刚从前线召回的德军指挥官们下令说，这是一场生死存亡的战役，必须绝对执行命令。凡违抗命令者，无论职位

高低，一律就地处决。隆美尔命令指挥官们记住作战计划，然后再把手中的计划书烧毁。

隆美尔认为蒙哥马利会发动大规模进攻前的试探性进攻，而进攻的主要方向将在北部。因此，隆美尔把更多的德军从南部防线调到了北部，把意军部队和战斗力弱的德军调到南部。

下午，隆美尔察看一张缴获的英军作战地图，证实了自己的判断是准确的。但这时，德意军队已经没有足够的力量发动反攻了。

德军退回利比亚

隆美尔指挥德军撤出阿拉曼时，只剩下 35 辆坦克，意军全军覆灭。

1942 年 10 月 29 日，德军主力已经全都部署在北部防线，南部只剩下意军和人数不多的德军防守。这样，隆美尔就可以集中使用德军了。

作为回应，蒙哥马利决心发挥英军的机动优势，并通过重新部署部队来组建一支预备队，以发动最后的猛烈进攻。

蒙哥马利命令第 1 装甲师撤退，重新休整。第 30 军也暂时撤退。蒙哥马利把还没有参加过激烈战斗的南非师和第 4 印度师调到右边，替换精锐的新西兰师，让新西兰师重新休整。

当时，蒙哥马利制定了新的进攻计划，称之为"增压"行动。这次代号为"增压"的军事行动将会超过非洲战争中人们所知道的任何一次大战。

在此之前，即 28 日夜，与澳大利亚第 9 师交战的德军部队是德军第 90 轻装甲师，这表明隆美尔的主力部队已经调入北部战线了，同时表明隆美尔的手上已经没有强大的预备队了。

在"捷足计划"发动以前，蒙哥马利曾经说过，德军部队和意军部队是混编在一起的，若能把两军分割开来，那么由意军部队部署的阵地将不堪一击。

现在，德军和意军终于分开部署了。这为英军集中力量进攻战斗力薄弱的意军提供了千载难逢的机会。蒙哥马利是不会错过这个机会的。

蒙哥马利马上更改了"增压"计划，新的"增压"计划决定：澳大利

亚第9师于10月30日夜至31日凌晨以前向北进攻，到达海岸，将隆美尔的德军部队引向北面。10月31日夜至11月1日凌晨以前，在北通路北面，以新西兰师为主攻，在第9装甲旅和2个步兵旅的配合下，向意军阵地发起总攻，打开深而长的缺口。随后，第10装甲军通过这道缺口。

蒙哥马利的作战意图是：歼灭德意联军的装甲部队；与德意联军在开阔地带进行决战，使德意联军在长期的运动中耗尽燃料。切断德意联军的补给线，打垮其补给勤务部队。将德意联军赶出前沿着陆场和机场；最后，使德意联军全线溃败。

蒙哥马利根据德意联军的新变化所作出的军事部署，使英军抓住了战场的主动权，使德军陷入困境。

30日夜，澳大利亚第9师发动了进攻。向海岸进攻时，澳大利亚第9师遭到德军的拼死抵抗，无法攻到海岸。在德意联军发起的多次反攻中，澳大利亚第9师守住了阵地，占据着公路和铁路沿线的大片阵地，大约有500名德意联军的官兵被俘。

与此同时，蒙哥马利加快了"增压"作战计划的准备工作。由于新西兰师和其他增援部队还未到达指定位置，蒙哥马利于10月31日6时30分决定把"增压"作战的进攻时间改为11月2日凌晨1时。

11月2日凌晨1时，英军的300多门火炮同时炮击德意联军的主阵地，时间长达3个小时，主阵地变成了一片废墟。新西兰师在烟幕的掩护下，向意军防线发起猛攻，首先进攻的目标是第28号高地两侧的意军第200步兵团。英军装甲部队立即率领步兵部队插入阵地，向西进发。

"沙漠之狐"隆美尔早就料到英军会向海岸进攻，他马上做了相应的调整。可是，他却没有料到英军会临时改变了作战的方向，进攻德意联军的接合部。

冯·托马的"非洲军团"司令部被炮弹打中，冯·托马受了伤。托马向隆美尔报告说：他的防线勉强保下来了，若英军继续进攻，将无力抵抗。

凌晨 5 时，隆美尔驱车来到前沿阵地，了解阵地的情况。隆美尔接到情报说，凌晨 1 时，英军的装甲部队和步兵部队在 1 公里宽的战线上越过了第 28 号高地西面的防御工事，正缓慢通过布雷区，试图开辟通道，激战仍未停止。

天稍微放亮后，隆美尔看到布雷区里有 20 辆被击毁的英军坦克。约有 100 多辆坦克排成纵队扑了上来，冲向缺口。有 20 辆英军坦克越过了防线，这是德军防线崩溃前的预兆。

不久，英军坦克消失在德意防线的后方。英军坦克在那里肆无忌惮，疯狂地攻击德军给养部队。

德意防线终于崩溃了。

危急关头，隆美尔命令第 90 轻装甲师预备队参加战斗，才阻止了英军的攻势。可是，英军在已经占领的阵地上不断地增兵。

英军的第 151 步兵旅和第 152 步兵旅在第 23 装甲旅的支援下，开辟了一条 3600 米的通道。英军第 9 装甲旅紧跟了上来，以便赶在日出以前到达前方 1800 米处的阵地，为下一次进攻做准备。与此同时，英军第 10 装甲师快速出击，冲入突破口向纵深进攻。

很快，大批英军击垮了第 28 号高地西南面的德军第 15 装甲师。新西兰步兵师跟随强大的装甲群向西进发，歼灭了 1 个意大利团和 1 个德国装甲营，随后猛烈地攻击德军的后勤给养部队。

2 日上午，德意联军部队发起大反攻，堵住了 4 公里宽的缺口，接着双方进行了一场这个战役中最壮观的坦克战。大批德意联军的坦克在大炮和反坦克炮的掩护下冲了上去，英军成群的坦克似潮水般地围了过来。英军的炮兵部队也投入了战斗。在英国轰炸机群的疯狂打击下，德意联军的坦克损失惨重。

经过 2 小时的激烈对战，德意联军的反攻彻底失败。战场上留下了一

座座废铁堆。北部战线的危局，迫使隆美尔命令南部防线意军"艾里特"装甲师和炮兵部队的主力增援北部防线。结果，整个防线大大缩短了。

下午，隆美尔集中全部坦克，向英军进攻部队的两侧发动反攻。由于缺乏空中支援，在英国空军的空袭下，德军损失了大部分坦克，只剩下35辆坦克了。在一天之内，德意联军就消耗了450吨弹药，而德国只将190吨弹药卸在约300英里以外的托布鲁克港。

11月2日，英军的轰炸机群对28号高地以西的德军剩余防线进行了7次空袭。德军第288野战医院挂有红十字的旗帜，但仍然被炸毁，共有3名德国军医丧生。隆美尔派人把俘获的英军军官带到野战医院，利用他们作为盾牌。

英军的强大攻势使德军无力抵抗。更使德军感到无奈的是，英军坦克的主力部队投入了几百辆德军从未见过的谢尔曼式坦克。谢尔曼式坦克比德军坦克厉害多了，它能在2公里以外的距离开炮，88毫米的德国高射炮无法穿透它的装甲。

隆美尔爬上山头，察看两军交战的情况。他发现阻止英军的强大攻势是不可能的。

当天晚上，隆美尔得知英军第二线的装甲部队正在向突破口集结，准备发动更猛烈的攻击。由于已经无力抵抗了，隆美尔准备把部队带到阿拉曼以西的富卡，以免被英军歼灭。南线兵力撤回自8月底所占领的阵地，北线德军和意军第20军逐渐向西撤退。

隆美尔对军官们说："我们无法守住防线，因为整个阿拉曼北部防线已经崩溃了，包括布雷区和防御工事。我们现在已经到了退守富卡防线的最后时刻了。"

当天夜晚，冯·托马将军向隆美尔报告说："我们已经尽了最大的努力了，战线已经守住，但十分脆弱。明天能参战的坦克只剩30辆，顶多不超过35辆。预备队已经全都参战了。"

只剩35辆坦克了！隆美尔对冯·托马说："我准备边打边退，退守西线。步兵部队今天夜里开始撤退。"

德军装甲部队的任务是坚守到明天一大早，然后撤退。装甲部队必须牵制住英军，给步兵部队赢得撤退的时间。

20分钟后，隆美尔正式下达了撤退的命令。晚上9点零5分，德意联军的最后一支部队接到了撤退的命令。

希特勒得知这一情况后，马上向隆美尔发报，让他继续作战，"不成功，便成仁"。

面对希特勒的命令，隆美尔被迫停止撤退。凯塞林元帅亲自来给德意联军打气。来到埃及以后，当得知隆美尔只有22辆坦克时，凯塞林马上改变了自己的看法，对隆美尔说："我认为你应该把元首的电报看成是呼吁，而不是不能改变的命令。"

隆美尔一面向希特勒报告困境，一面执行希特勒死守的命令。

11月4日晨，德军在特尔曼斯拉建立了一道脆弱的环形防线，一直到达铁路线以南约16公里处，与意军第20装甲军连在一起。南部防线由意军1个师、1个伞兵旅和第10军坚守。

上午8时，经过1个小时的炮击后，英军向德意联军发动强大的攻势，突破了特尔曼斯拉防线，俘虏了"非洲军团"军长冯·托马。

黄昏时分，意军第20装甲军向英军投降。英军第13军越过了南段意军的防线，已经推进了8公里。靠近海岸的德意联军面临被围歼的危险。与此同时，英军装甲部队到达了德军后方的开阔地带。

越来越多的德军部队被消灭了，隆美尔发现已经没有选择了。隆美尔命令部队向西撤退，以拯救出仍可以被拯救出的一切。

一天后，希特勒命令隆美尔撤退。可是已经晚了，隆美尔已经无法据守富卡防线了，只好继续向西撤退。

为了不被包围，隆美尔权衡利弊后，决定退守马特鲁。英军尾随追

击。隆美尔的坦克和大炮所剩无几、给养状况严重恶化了。

11月6日，5000吨汽油运到了德军后方的班加西港，距离马特鲁1100公里。向西200多公里的托布鲁克拥有7000吨弹药，可是这中间还隔着塞卢姆和哈法亚隘口。

7日晚，隆美尔决定从马特鲁港退往西迪巴拉尼，边打边退。德军顺着海滨公路通过哈法亚隘口，退回利比亚。

阿拉曼战役使德意联军受到重创，隆美尔指挥德军撤出阿拉曼时，只剩下35辆坦克，而意军则全军覆灭。

德意联军在阿拉曼的惨败，使希特勒的钳形攻势彻底失败，使德国和意大利失去了非洲战场的主动权。它表明轴心国妄图吞并北非、建立地中海帝国美梦的破灭，对北非的局势，对整个地中海战区的形势，都产生了重大影响。

阿拉曼战役是第二次世界大战非洲战场的重要转折点。

德意联军共伤亡2万人，被俘3万多人。在大撤退中，又有近万人被英军俘虏。德意联军损失1000多门火炮、450辆坦克。

英国第8集团军伤亡1.35万人，损失了100多门火炮、500辆坦克。

面对巨大的伤亡，很多英国指挥官为此而痛心疾首。在长达12天的战役中，英军第51师道格拉斯·魏姆伯莱少将看着官兵们的尸首从战场上拖走时，忍不住大喊："再也不要了！"

当有人问第9装甲旅的约翰·库利尔他的装甲旅哪去了时，库利尔伤心地指了指仅剩的12辆坦克，"那就是我的装甲旅"。

第六章

鏖战瓜岛

美军的"秘密"登陆

　　岛上的日军多数是修建机场的朝鲜工人，没有武器，少数看管工人的日军发现美军大举入侵，连忙逃进丛林。美军趁机占领了阵地，日落时有 1.1 万多人成功登陆。

　　1942 年 6 月，日军在中途岛战场遭受了第二次世界大战开战以来的第一次惨败，骄横无比的日军领教了美海军的厉害。

　　中途岛的惨败使日军骄傲的头脑变得清醒，日军修改了原先制定的太平洋战场作战的方案。经过珊瑚海、中途岛海战后，日军的舰载飞机损耗达到 400 多架，而且很难得到补充。日军的航空母舰没有岸基航空兵的护航不敢出动。岸基航空兵只能在距离基地 300 海里范围内作战。与日军航空兵得不到有效补充的情况相反，盟国军队的兵力却越来越多。

　　日美两国军队于 1942 年 8 月至 1943 年 2 月在瓜岛进行了岛屿争夺战。

　　瓜岛是南太平洋所罗门群岛的主要岛屿之一，全称瓜达尔卡纳尔，长为 167 公里，宽为 47 公里。

　　1942 年 7 月 11 日，日军军部下达重要的作战命令，要求马上停止切断美国与澳大利亚交通线的"FS"作战。

　　新的作战方针以战略进攻为方针，逐渐转向持久战和巩固日军在太平洋地区的防御圈。

　　日军统帅部制定了作战方案：从新几内亚岛北部海滩登陆，翻过欧文斯坦利山，进攻莫尔兹比港。

　　为了支援进攻部队的翼侧，日军决定在瓜岛建立一个机场，作为轰炸机的基地。

日军认为，有了轰炸机机场，轰炸机就能够轰炸西南太平洋的大部分地区，为海军作战提供空中支援，并能破坏美国至澳大利亚的海上交通线。

为此，日军统帅部给驻扎在西南太平洋地区的日本陆军和海军下达了两个任务：陆军第17集团军发动从陆地进攻莫尔兹比的战斗，海军舰艇部队和岸基航空兵负责运输、护航和空中掩护；海军和岸基航空兵在俾斯麦群岛、新几内亚东部和所罗门群岛等地，修建一系列岸基航空基地。最重要的工作是瓜岛轰炸机机场的修建。

与此同时，美国太平洋舰队司令切斯特·尼米兹也把目光投向了瓜岛。

尼米兹认为，瓜岛是澳大利亚的门户，离日本比较近。所罗门群岛是一架通向日本的梯子，而瓜岛是梯子的第一级。美军占领瓜岛后，就能逐级登梯直达日本。这是最终进攻日本本土的军事计划的重要一步。

麦克阿瑟反对尼米兹进攻图拉吉岛和进攻瓜岛的计划，他说这个方案太冒险了。可麦克阿瑟却提出了更冒险的计划。

麦克阿瑟要求马上进攻腊包尔，说若海军用航空母舰和海军陆战队第1师帮助他，他就能够偷袭新不列颠岛，占领腊包尔和俾斯麦群岛，使日军向北撤退700海里，退守特鲁克岛。

尼米兹对此坚决反对。尼米兹认为实施麦克阿瑟的作战方案，要由航空母舰承担主要任务。在所罗门海域中只有2艘航空母舰，麦克阿瑟要把航空母舰当做牺牲品。

欧内斯特·金上将也认为把航空母舰和太平洋地区仅有的一支海军陆战队派到日军空中火力密集的地区等于自投罗网。金上将主张攻占所罗门群岛，把瓜岛上的机场修复，用轰炸机和战斗机支援攻打腊包尔的进攻部队。

金还指出，参战部队来自太平洋舰队，指挥权应归尼米兹。麦克阿瑟

立即提出了反对意见：所罗门群岛地处西南太平洋海区，在西南太平洋作战的部队应归他指挥。麦克阿瑟得到了参谋长联席会议主席马歇尔的支持。

金上将说，在欧洲作战的部队主要是陆军，由陆军负责最高指挥是正确的。而将要开始的所罗门群岛战役的作战部队是海军和海军陆战队，由海军负责最高指挥是正确的。

麦克阿瑟在给马歇尔发送的一份电报中提出，尼米兹想把陆军降为次要地位，"主要是想把陆军放在海军和海军陆战队的指挥下"。

尼米兹对兵种之间的相互争斗非常厌烦，对于麦克阿瑟的好大喜功心存不满。为了大局，尼米兹从来没有在公共场合表露不满，对麦克阿瑟总是礼让三分。

但涉及对日作战方案和指挥权的原则问题，尼米兹向金上将表示，如果得不到西南太平洋战区陆军的支援，也应发动对图拉吉岛的攻势。

这件事在美军军界中闹得很大，如果不及时平息，很可能影响太平洋战争的胜负。

马歇尔、麦克阿瑟和金上将、尼米兹召开了紧急会议，通过讨价还价，双方达成关于所罗门群岛计划的方案。这个方案接受了海军的建议，但同时照顾了麦克阿瑟的陆军。

7月2日的方案规定：战役的第1阶段，是攻占圣克鲁斯群岛、图拉吉岛，由尼米兹将军负责战略指挥。为了方便指挥，双方将南太平洋地区和西南太平洋战区的分界线改为东经159度。美军攻占图拉吉地区后，向巴布亚半岛的萨拉莫阿和莱城进攻，把战略指挥权交给麦克阿瑟。战役第二阶段，由麦克阿瑟指挥沿所罗门群岛北上的所有美军部队。盟军从两条战线上夹击腊包尔的日军。

这就是著名的"瞭望台"计划，"瞭望台"计划的第一次登陆时间为8月1日。

1942 年 7 月，南太平洋美军的基本兵力为两个编队：一是第 61 远征特混编队，司令是弗莱彻；二是第 62 南太平洋两栖编队，司令是特纳。还有一支岸基航空编队。

为进行瓜岛战役，南太平洋部队得到增援。登陆突击部队海军第 1 陆战师近 2 万人由新西兰和圣迭戈赶来增援，由范德格里夫特担任师长。

弗莱彻中将率领航空母舰编队，负责整个登陆舰队的战术指挥。特纳海军少将指挥两栖作战部队，麦凯恩海军少将指挥岸基航空兵编队。他们拥有 3 艘航空母舰在内的 88 艘舰只和 298 架岸基飞机。另外，麦克阿瑟管辖的航空兵和潜艇部队也给予支援。

日军在西南太平洋地区的兵力为陆军第 17 集团军，共 13 个营，司令是百武中将。日海军第 8 舰队驻腊包尔，司令是三川海军中将，拥有 7 艘巡洋舰，若干驱逐舰和潜艇。在瓜岛的日军拥有 1 个营的兵力，还有施工人员 2700 人。

1942 年 7 月 31 日，特纳率领南太平洋登陆舰队，运载美海军第 1 陆

观察瓜岛日军阵地的尼米兹

战师 1.6 万人，在弗莱彻的航空母舰编队的护航下，由斐济岛出征，向瓜岛进军。

8月7日凌晨1时，美登陆编队驶入距离瓜岛10海里的海域，兵分两路。代号"X射线"的美军由师长范德格里夫特率领，下辖第1、第5陆战团，途经萨沃岛南水道攻打瓜岛。

其他代号"Y射线"的美军是由副师长鲁普斯塔斯率领，下辖4个营，途经萨沃岛北水道攻打图拉吉岛。留下两个营作为机动部队。

6时许，支援编队的军舰不断炮击瓜岛的日军阵地，接着，从航空母舰起飞的舰载机到达瓜岛上空，发动不断的轰炸和扫射。

在舰炮和航空母舰的火力支援下，登陆部队于9时40分开始登陆，第5陆战团团长亨特第一个冲上了滩头，部下随后向上冲，迅速扩大了滩头阵地，向纵深猛冲。

接着，后续部队相继上岸。因为日军的情报机关不知道美军会登陆，岛上的日军没有任何准备。岛上的日军多数是修建机场的朝鲜工人，没有武器，少数看管工人的日军发现美军大举入侵，连忙逃进丛林，美军趁机占领了阵地，日落时有1.1万多人成功登陆。

没有瓜岛地图，美军上岸后始终在丛林里缓慢前进，第二天一早来到了机场，日军连忙逃进丛林，美军未发一枪占领了机场。机场跑道已经有80%完工了，塔台和发电厂已经完成。

美军缴获了粮食、建筑设备、建筑材料，还有几百箱日本啤酒和一个冷冻加工厂。

瓜岛登陆战很成功，是在日军几乎没有准备的情况下获得的，若日军早有准备，美军肯定遭受重创。

日军很快就组织反攻。54架日机从腊包尔起飞，包括27架陆上攻击机、9架舰载俯冲轰炸机和18架战斗机。日机虽然痛击了美军，但自身伤亡惨重，无法改变美军占领瓜岛的事实。

美军在瓜岛登陆的同时，在图拉吉岛也开始了登陆。在图拉吉登陆的美军并不像瓜岛登陆那样顺利，他们与日军发生了激烈的战斗。

图拉吉岛是天然的避风海港，图拉吉岛的东侧有两个小岛：加武图岛和塔那姆勃戈岛，它们是图拉吉岛的屏障。这两个小岛上原来建有水上飞机机场，日军攻占后进行了扩建，准备建成能够监视所罗门海域的水上飞机机场。

前来进攻的美军过高地估计了图拉吉岛日军的兵力，进行了猛烈的炮火准备，日军连忙躲到掩体里。美军在猛烈的炮击后纷纷登上图拉吉岛，但向纵深进攻不久遭遇了日军的有力阻击。在两个小岛上，美军低估了日军的兵力，因为两个小岛太小，日军被迫在海滩前沿抵抗，由于美军的炮火准备无法摧毁日军建在山崖上的火力点，美军登陆艇由 10 公里外开始进攻，日军趁机进入前沿工事。

美军士兵刚上岸时，日军一阵齐射，美军指挥官受到重伤，士兵倒地一大片，被密集的火力压在海滩上抬不起头来。双方的距离太近了，美军无法派舰炮火力掩护。几个小时后，美军陆战队把 81 毫米迫击炮运上岸炮击日军工事，并派来飞机提供空中火力掩护，这才得以向纵深进攻。

日军依靠在山洞中的工事拼死抵抗，美军的爆破小组从日军火力的死角冲到了山顶，把炸药和手雷扔到山洞里，这才把日军歼灭。

图拉吉战斗十分惨烈，为了早一点歼灭日军，范德格里夫特把预备队都派上战场。黄昏，日军退到了山谷。夜里，美军发动了 4 次攻势，把大部分日军消灭了。

1942 年 8 月 8 日黄昏，美军终于全歼了日军，占领了图拉吉。

在长达两天的激战中，日军有 23 名重伤者被俘，剩下的全都战死，这真正让美军领教了日军的顽强。此次战斗，美军死亡 100 人。

日舰的疯狂反扑

瓜岛海战，对山本五十六来说，没有歼灭美军航母编队，反而失去一艘航空母舰，他再次犯了兵力分散的错误。

图拉吉岛的日军被美军歼灭以前，曾向腊包尔的日军发出求助电报，因此日军知道了美军的登陆行动，陆军第 17 军百武晴吉司令认为这不是美军的大反攻，肯定是骚扰性质的偷袭，很容易把图拉吉岛的美军打退。若瓜岛的机场被美军占领的话，那对南太平洋地区的日军太不利了，百武决定组织兵力早日夺回瓜岛。可是，百武不想抽调攻打莫尔兹比港的部队。

最后，日军第 8 舰队司令三川军一中将只好从驻腊包尔的海军陆战队中抽调 519 人乘坐"明洋"号运输船和"宗谷"号供应舰，在 1 艘巡洋舰、1 艘扫雷舰、1 艘猎潜艇的护航下，攻打瓜岛。

三川根据侦察机的报告，得知美军在瓜岛海域实力强大，连忙下令进攻编队返航。在返回途中，"明洋"号被美军潜艇击沉，船上的 373 名海军陆战队员全部淹死。

三川军一中将认为瓜岛美军对日军十分不利，决心早日组织反攻。

这时，第 8 舰队的军舰由于执行各种任务而变得分散，三川调来了 5 艘重巡洋舰、2 艘轻巡洋舰、1 艘驱逐舰。

8 月 7 日晚，日军第 8 舰队由腊包尔启航，向南进军。

日军在白天不敢南下，因为无法躲开美军的空军侦察。

当晚，日海军第 8 舰队刚刚启航，美军潜艇报告了上级。由于日军舰队距离瓜岛 500 多海里，因此没有引起美军的充分关注。

一架澳军的侦察机曾发现了日军第8舰队，澳军飞行员出于无线电静默的顾虑，没有向总部发送无线电报告。

下午，这架澳军侦察机飞回基地。飞行员吃过饭后向总部报告，结果耽误了6个小时，使美军无法及时派遣侦察机核实。而且，飞行员还把第8舰队的编成误报成2艘水上飞机母舰、3艘巡洋舰、3艘驱逐舰。

登陆编队司令特纳认为这样的日军舰队不敢前来挑战，很可能是在某处港湾建立水上飞机基地，以弥补失守的图拉吉岛的水上飞机基地。

同时，美军最可靠的情报来源，密码破译小组因为日军刚刚使用新密码，需要时间破译密码。日军第8舰队在航行时采取了无线电静默，因此无法截获准确的情报。

特纳知道登陆编队是日军进攻的主要目标，从腊包尔至瓜岛的必由航道是所罗门群岛两串岛屿间的狭窄水道。

8月8日，特纳派2架侦察机顺着水道侦察。由于天气恶劣，飞行员没有飞完全程就回到了基地，飞行员将这一情况隐瞒了。所以，特纳以为日舰队没有进入所罗门群岛海域。

三川为了能够了解美军的情况。8日4时，三川要求5艘重巡洋舰各放飞1架舰载侦察机，侦察瓜岛的美军情况，掌握了美军舰队的实力和兵力部署。

当时，三川得知美军在瓜岛海域拥有多艘航空母舰，控制着制空权，并在兵力上占有绝对优势。

三川决心用己之长攻美军之短，发动夜袭。下午4时，三川再派两架侦察机进行侦察，以进一步了解情况。

到达瓜岛与图拉吉岛之间的海域后，三川又派出两架侦察机侦察美舰的停泊地点。因为三川进行了三次侦察，对美军的情况已经了如指掌。

三川计划从萨沃岛以南秘密驶入铁底湾，先歼灭美军的巡洋舰，再歼灭运输船，最后由萨沃岛向北撤退。很快，三川的旗舰"鸟海"号重巡洋

舰用灯光信号把作战计划下达给各舰。

下午6时，三川命令日舰把甲板上的易燃物都扔入大海，对弹药进行最后的整理并做好战斗准备。

晚10时35分，在夜幕的掩护下，以日舰"鸟海"号为首的单纵列舰队组织了攻击队形，以桅杆上的白色旗帜为令，航速高达29节，冲向瓜岛海域。

三川在旗舰"鸟海"号上，正在研究侦察机送来的3份美军情况的报告。这三份情报分别是：一艘美军运输船，被日机攻击起火，火势很大；在图吉拉岛和瓜岛附近，停泊着很多美军运输船；在美军登陆场西面有美军的巡洋舰队。

三川知道，前两份情报对第8舰队不构成威胁，而且知道美军运输船队的位置，便于舰队找到进攻目标。对美军的巡洋舰必须高度戒备。美军的巡洋舰是日本第8舰队的最大敌人。在击沉美军的运输船队以前，必须先击沉美军的巡洋舰。

很快，三川发出了战斗命令，要求舰队向美军的巡洋舰发动进攻。

另一方面，美军中负责海空支援的航母编队司令弗莱彻，以舰载机损失严重和燃料不足为由，向戈姆利请求撤退。黄昏时，没有获得批准，弗莱彻擅自率领航母舰队撤离了瓜岛海域。

航母舰队撤离后，特纳连忙召来掩护编队司令克拉奇利和范德格里夫特，召开紧急会议。特纳宣布因为没有了空中支援，他的舰只会在第二天撤退。这时，登陆部队的补给物资卸载量还不足1/4。

登陆部队司令范德格里夫特对此表示强烈不满，然而，特纳说他的舰队的处境太危险了，只能连夜尽量多卸一些补给物资。双方展开了激烈的争论，会议开了几小时后不欢而散。

会议结束后，克拉奇利坐汽艇匆忙赶回旗舰。就在半路上，战斗开始了。美海军的兵力部署在三个巡逻区上：以瓜岛和图拉吉岛之间的萨沃岛来划分南巡逻区和北巡逻区，佛罗里达岛西侧子午线以东为东巡逻区。

南巡逻区由第 1 大队 3 艘巡洋舰、2 艘驱逐舰负责巡逻，北巡逻区由第 2 大队 3 艘巡洋舰、2 艘驱逐舰负责巡逻，东巡逻区由第 3 大队 2 艘巡洋舰、2 艘驱逐舰负责巡逻，另 2 艘驱逐舰在萨沃岛附近警戒，作为警戒哨。

三川的第 8 舰队所发现的美军巡洋舰，是由英国海军少将克拉奇利指挥的一支巡逻舰队，舰队共有 6 艘巡洋舰，两艘护航的驱逐舰，还有两艘装备了雷达的驱逐舰。克拉奇利的巡逻舰队任务是在"狭口"海峡的西面迎击日军。

当克拉奇利的巡逻舰队刚到达萨沃岛与瓜岛之间的海域时，三川立即下达攻击命令。几分钟内，克拉奇利的"堪培拉"号巡洋舰变成了浓烟滚滚的火船，"芝加哥"号巡洋舰的舰首被击毁。克拉奇利的巡洋舰"阿斯托里亚"号和"昆西"号也变成了火船，很快就沉没在"铁底海湾"。

美巡洋舰"文森斯"号立即反攻，击中了日巡洋舰"衣笠"号，然而，"文森斯"号也被日舰队击沉。

短短半小时的海战，盟军共有 4 艘巡洋舰被击沉；盟军官兵死亡 1270 人，另外，盟军还有 1 艘巡洋舰和 1 艘驱逐舰受到重创。

这就是第一次所罗门海战。在战斗中，美舰队损失惨重。

当时，美军的运输补给船的绝大部分物资仍未卸完。日军重创了美军的巡逻舰队后，三川没有进攻美军的运输船队。

8 月 8 日夜的所罗门海战，使美军的海上掩护力量大大削弱，为了避免运输船队遭受日本舰队的打击，特纳命令运输船队立即撤退到新喀里多尼亚。

8 月 9 日，当美国海军陆战队士兵从"亨德森"机场来到瓜岛海滩时，看见眼前是一片平静的海洋，战舰和补给船都不在了，他们知道："现在

一切只能靠自己了，日军的增援部队很可能源源不断地开来，并且从陆上、海上和空中向陆战队发动立体攻势。"

8月9日至12日，三川率第8舰队向瓜岛的美军发起试探性进攻。三川先召集飞机进行空中轰炸，重磅炸弹在灌木丛中纷纷爆炸，岛上冒起浓烟和燃起烈火。

第8舰队的巡洋舰和驱逐舰向瓜岛进行两次炮击，炮击后立即返航。岛上躲进密林的日军立即组织反攻登陆的美军，因为美军早就有所准备，日军的反攻失败了。

几天后，日美双方为争夺瓜岛，在海上进行了决战。

山本五十六派第8舰队为增援瓜岛的编队护航，同时联合舰队的主力准备趁机诱歼美军的航母编队。

山本五十六的旗舰是"大和"号战列舰，由1艘航空母舰和3艘驱逐舰护航，在所罗门群岛以北海域活动。在所罗门群岛，山本五十六派遣了

瓜岛滩头的美军物资及车辆

十多艘潜艇监视美海军的动向。

8月23日凌晨，弗莱彻的航空母舰编队驶入瓜岛以东海域，被日军一艘潜艇发现。南云忠一得到这个消息后，下令日舰做好战斗准备，并向南航行。

当弗莱彻得知日军的航母正在特鲁克附近海域时，他命令第18特混大队返回南方加油，其他舰队继续在马莱塔岛以东执勤。

8月24日晨，美军的两支舰队到达马莱塔岛东南海域，日海军的多数分舰队到达马莱塔岛东北海域，双方距离300多海里，通过侦察活动都发现了对方。

13时许，日军牵制舰队的"龙骧"号航母放飞6架轰炸机和15架战斗机，空袭瓜岛机场。日机群被击落一大半，无法破坏瓜岛机场。弗莱彻误以为日军牵制舰队是南云航母舰队，因此命令"萨拉托加"号航母派出30架轰炸机和8架鱼雷机前去攻击。

不久，美军一架水上飞机报告，在日军牵制舰队的东北60海里处找到日军1艘航空母舰，其实这是日军的先遣舰队。14时30分，"企业"号航母的侦察机找到了以2艘航空母舰为主力的南云舰队，这才是日海军的主力。

弗莱彻立即命令由攻打日军牵制舰队的机群改为进攻南云舰队。由于美军航空母舰与出击机群间的通讯联络中断，机群于15时50分到达"龙骧"号航空母舰上空。"龙骧"号正准备放飞第二批飞机，美军30架轰炸机从高空进行轰炸，8架鱼雷机分成两队以60米高度投掷鱼雷，"龙骧"号被1枚鱼雷和10多颗炸弹命中，舰体大量进水，晚20时沉入太平洋。

南云于14时出动第一组攻击机群攻击美军航母编队，共27架攻击机，由10架战斗机护航。15时，南云又派出第二组攻击机群，共27架攻击机，由9架战斗机护航。

同时，先后两架日军侦察机飞到美军航母编队上空，都被美舰队击

落。弗莱彻下令作好防空准备，增加了在空中警戒和甲板上待命的战斗机数量，把队形变成防空队形，为了分散日攻击机的兵力，两个舰队拉开了十多海里的距离。

几分钟后，"企业"号航空母舰雷达发现88海里外有批日军飞机飞来，两艘美军航空母舰上的13架轰炸机和12架鱼雷机立即起飞，前去攻击日军航空母舰。在甲板待命的战斗机立即起飞，结果空中担任警戒的战斗机达到53架。

16时25分，美军战斗机报告发现了日机。由于空中飞机的数量太多，造成了通讯阻塞，前去截击的命令未能及时发出。

16时29分，日军机群距离"企业"号30海里，分成几队扑来，结果，美舰雷达的显示屏上图像十分混乱，美舰空战指挥官分不清敌我，放弃了指挥。

美军战斗机在距离"企业"号25海里处与日机遭遇，进行了激烈的空战，击落6架日机。

16时40分，日机向"企业"号进行俯冲轰炸。"企业"号周围有9艘军舰护卫，林立的舰载高射炮进行了空中封锁，"企业"号还不断地转弯进行躲避。

由于日军飞行员的素质大大下降，再加上美军的防空炮火太猛，日军鱼雷机在投掷鱼雷前就被击落，只有几架轰炸机投弹，"企业"号被击中3颗炸弹，引发了大火，舰体倾斜。

日机飞走后，舰员们只用了1小时就扑灭了大火，恢复舰体的平衡，航速高达24节，仍能回收飞机。

南云舰队的第二组攻击机群没有发现美航空母舰，由于燃油消耗过半，被迫返航。

在"企业"号起飞的11架轰炸机和7架鱼雷机也没有找到南云舰队，美舰轰炸机在瓜岛机场降落，鱼雷机在航母上降落。

从"萨拉托加"号起飞的 2 架轰炸机和 5 架鱼雷机碰巧发现了日军的先遣舰队，击伤了"千岁"号水上飞机母舰。

弗莱彻指挥舰队回收了飞机后，天已经黑了，为了躲避夜战，连忙向南驶去。

8 月 24 日 9 时 35 分，日军增援舰队驶入马莱塔岛以北海域被美侦察机发现，瓜岛的航空队马上起飞 8 架俯冲轰炸机进行空袭，运输船"金龙丸"号沉没，旗舰"神通"号巡洋舰和另 1 艘驱逐舰被击伤。

接着，由圣埃斯皮里图岛起飞的美军轰炸机赶到，将日军"睦月"号驱逐舰击沉。由于没有空中支援，再加上运送的部队大半葬身海底。日军增援舰队被迫返航。

11 月 12 日黄昏，在日军阿部弘毅少将的率领下，11 艘运输船和 12 艘驱逐舰运载着 1.1 万名日军驶向瓜岛。一支以"比睿"号和"雾岛"号战列舰为主力的日海军炮击编队，从特鲁克岛驶来，准备对瓜岛机场进行炮击。

同一天，美海军少将特纳奉命率舰队把 6000 多名陆军和海军陆战队护送到瓜岛。傍晚，日军炮击舰队靠近瓜岛。特纳抽调 5 艘巡洋舰和 8 艘驱逐舰，前去迎击日军炮击舰队。

日美两支舰队驶入瓜岛以北的铁底湾。日舰队首先发现了美军，不过，日战列舰携带的是 356 毫米的轰击瓜岛美军阵地用的杀伤弹，并不是穿甲弹，美军编队才没有全军覆没。

天明后发现，日军 2 艘驱逐舰、1 艘巡洋舰和旗舰"比睿"号被击沉。美军 4 艘巡洋舰、1 艘驱逐舰被击沉。阿部的日军增援舰队被迫撤回肖特兰岛基地。

从 14 日 5 时 55 分起，直到下午 15 时 30 分，"企业"号航母的舰载机和瓜岛、圣埃斯皮里图岛的航空兵部队对日军炮击编队发动了轮番空袭，击沉日舰"衣笠"号重巡洋舰，炸伤 3 艘巡洋舰。接着，美军飞机又

对阿部的增援舰队发动了 8 轮空袭，把 11 艘运输船炸沉了 6 艘，有 1 艘运输船因受重创而被迫返航。

15 日深夜 2 时，日军增援编队的 4 艘运输船到达瓜岛，开始卸载。天亮后，瓜岛的美军航空部队把 4 艘运输船全部击沉，用燃烧弹把海滩上的弹药和大米全部焚毁。

日军从肖特兰岛运送 1.35 万人和 1 万吨物资，送到瓜岛日军手中的仅剩 2000 多人和 5 吨物资。

瓜岛海战，对山本五十六来说，没有歼灭美军航母编队，反而失去一艘航空母舰，再次犯了兵力分散的错误。最重要的是日军没有向瓜岛增运部队和急需的补给品，结果岛上的日军弹尽粮绝，最后被迫撤离。日海军在瓜岛海战中彻底失败了。

登岛日军全军覆灭

在美军坦克和士兵的围攻下，剩下的十几个日军四散而逃，多数战死。

美军在瓜岛登陆，日本统帅部认为只有发动登陆战才能夺回瓜岛，命令第 17 军司令百武指挥登陆战。

百武在腊包尔仔细推敲了瓜岛的形势，认为瓜岛上的美军仅为 2000 人（实际上却有 7000 人）。百武认为只需 6000 人就能够夺回瓜岛。可是，百武能够动用的兵力不足 1000 人，他只能派这些部队去完成艰难的登陆任务。

为了登陆作战的胜利，百武决心选派最优秀的指挥官肩负这一重任。百武选择了一木清直大佐。

一木大佐低矮身材，具有热带丛林地作战的丰富经验，并且具有十足的武士道精神。1942 年 8 月 18 日夜，一木大佐率领日军登陆部队分乘 6 艘驱逐舰驶入铁底湾，成功地在美军的防线东面的太午岬附近秘密登陆。

登陆后，一木大佐命令由 34 人组成的侦察小分队向西面摸进。

碰巧，瓜岛上的范德格里夫特将军也派出一支侦察小分队向东面摸进。8 月 19 日午后，两支侦察小分队遭遇了。

日军侦察小分队初来乍到，遭到了美军侦察小分队的突然袭击，被当场打死 31 人，只有 3 人逃生。

美军侦察小分队看到，被打死的日军和岛上残留的日军并不一样，这些日军的胡子刮得非常干净，军装很新，衣袋和文件包中还有地图、电报密码以及日记。

美军侦察小分队马上把这个情况向范德格里夫特将军报告。听了侦察小分队的报告，范德格里夫特立即召开紧急会议。

在军事会议上，与会军官们一致认为，一批日军登陆部队已经秘密登陆了。从缴获的地图中发现，日军侦察兵把机场东面附近的特纳鲁河标示出来了，可见日军重点进攻的目标是美军的东部防线。日军可能是想攻占机场。

范德格里夫特立即下令，第1团连夜赶到东线阵地构筑工事，史密斯上尉的战斗机中队马上起飞，搜寻日军主力部队。装甲部队做好战斗准备，作为机动部队支援各战线。

军官们立即赶回部队。波罗克率领陆战队第1团赶到东线阵地，于20日午夜构筑了更加坚固的工事。

借着月光，一木大佐率日军穿过密密的丛林，来到特纳鲁河西岸的一座沙堤边。这条宽达40米的沙堤横贯特纳鲁河。一木大佐想通过沙堤，偷袭对岸阵地上的美军。

一木大佐发现东岸的美军阵地上有一道长长的铁丝网，竟没有美军守卫。21日凌晨，一木大佐下令进攻。

日军立即从丛林中冲出来，顺着沙堤朝对岸的美军阵地扑去。他们头上缠绕白布条，手上端着三八式步枪，潮水般冲上沙堤。

冲在最前边的是各小队队长。军官们光着上身，挥舞着指挥刀，越过特纳鲁河口。美陆战第1团团长波罗克下令：等日军靠近些再射击，没有命令不准射击。

波罗克发现日军分成两股兵向沙堤冲锋，便命令阵地上的37毫米口径火炮的炮手瞄准沙堤的中部，在第一股日军通过沙堤后马上炮击沙堤，不让第二股日军通过。

300名日军官兵冲过了沙堤，军官发现没有遇到任可抵抗，命令士兵们加快速度。第二股日军跳出丛林，冲向沙堤。

波罗克一枪击毙了挥舞指挥刀的日本军官，并大喊："射击！"

美军阵地上，轻重机枪一阵齐射，几十个日军官兵倒下了。一木大佐下令火力掩护，几十挺轻重机枪的子弹密集地射向美军阵地。

面对美军的密集火力，日军高喊着："冲啊！"边冲边打，日军手榴弹的爆炸声响彻夜空。

日军军官越过倒下的日军伤员和尸体，挥舞着军刀，冲在最前边。看见日军这么勇敢，美军纷纷惊叫："小日本怎么不怕死呢！"

冲在最前面的日军冲过了沙堤，离美军阵地还有十几米了。波罗克下令："扔手榴弹！"波罗克用力一扔，扔出一颗手榴弹。

手榴弹落在最前边十几个日本军官的中间，"轰隆"一声，日军都倒下了。

陆战队员们纷纷扔手榴弹，不断地落在冲上来的日军身边，把许多日军官兵炸飞，日军哀嚎声此起彼伏。

当第2股日军冲到沙堤中央时，美军阵地的火炮发起了猛烈的炮击。一颗颗的榴弹炮在狭窄的沙堤中部爆炸，沙堤中部就像地狱，日军士兵的肢体和躯体上下翻飞。

在炮弹爆炸引起的火光映照下，连特纳鲁河水都变红了。美军不断打出照明弹，使阵地前沿通明透亮。冲在阵地前的日军暴露在美军面前，纷纷倒下。

冲在最前面的日军被迫停了下来，后边的日军挤了上去，聚在一起的日军挤成了一团。

美军趁机集中火力，扫射阵地前的日军。机枪手随意射倒成群日军。日军抛下死伤者潮水般撤退，无法逃跑的伤兵大骂抛弃他们的日军是胆小鬼。许多日本伤兵拉响了手榴弹，纷纷在阵前自尽。

一位日军指挥官劈死了几个士兵，其他士兵连忙掉过头去，朝美军阵地再次冲锋。

被击毙在特纳鲁河河边的日军

一些冲进美军阵地的日军顽强抵抗，用手榴弹炸毁了美军的火力点，继续射击阵地上的美军。这些人数不多的日军大大牵制了美军的火力。第二股日军连忙冲过沙堤，发动更猛烈的进攻。

一木大佐发现从沙堤上进攻受阻，命令神源中队绕过特纳鲁河上游，从侧翼进攻美军。

美军发现神源中队向上游迂回后，立即出动一支部队前去阻击日军。当神源中队开始渡河后，美军已经在对岸做好了战斗准备。

"冲啊！"神源怒吼着冲向美军阵地。但美军的火力太猛，日军士兵无法抬头，都趴下来躲避，逐渐退回原出发地点。

这时，第二股日军已经冲过了沙堤，钻过铁丝网，占领了部分美军战壕。美军的火炮又开始了炮击，沙堤被炮火炸断，日军后续部队被炮火拦在了对岸。

阵地上的美军官兵打得非常艰难，他们与日军争夺着每一寸阵地。

双方展开肉搏战，用刺刀、枪托、匕首展开了厮杀。

一个美军士兵拼不过几个端着刺刀的日军，引爆了一箱手榴弹。

危急时刻，波罗克把预备队都投入战场，向日军发动反攻。

在美军预备队的强大火力打击下，日军被迫全线退守铁丝网附近。

激战至 21 日拂晓，美海军陆战队第 1 团终于夺回了前沿阵地。范德格里夫特将军命令 21 架俯冲轰炸机，在天亮时起飞，轰炸日军。

天刚亮，美轰炸机群全部起飞。到达日军阵地上空后，高爆炸弹铺天盖地落在沙堤上，炸得日军无处躲避。

波罗克趁机组织美军发起全线反攻。

美军士兵冲向沙堤，日军无法抵抗，纷纷撤退，许多日军士兵跳下特纳鲁河，河面上漂满了顺流而下的日军尸体……

一木大佐发动的进攻失败，被迫收集残部，退入密林躲避美轰炸机的轰炸。

范德格里夫特将军的心情十分沉重，他知道躲在对岸的日军都是亡命之徒。日军在进攻失败后，绝不会甘心。如果不把日军歼灭掉，瓜岛永远不能安宁。

范德格里夫特决定彻底肃清特纳鲁河东岸的日军。他将 5 辆坦克调给波罗克指挥，以加强进攻日军的火力。他还派克雷斯韦尔指挥 1 个陆战营，由特纳鲁河上游涉水过河，绕到日军的后边，封死日军的退路。

8 月 27 日下午，美军发动了全线反攻。

美军 12 架俯冲轰炸机向日军阵地发动了空袭。美机任意地盘旋俯冲，贴着丛林向日军投掷炸弹。爆炸声响个不停，浓烟笼罩着特纳鲁河口。

与此同时，美军的坦克炮和火炮一齐开火。炮弹接连不断地落在日军阵地上，日军士兵的残肢断臂不断地翻飞。

波罗克命令 5 辆坦克由正面发动进攻。坦克冲上沙堤，碾过躺在地

上的日军伤员，朝东岸扑了过去。美军官兵躲在坦克后边，向日军阵地冲去。

美军冲向了日军阵地，一木大佐连忙组织日军抵抗，十几个日军士兵被炸得无处可躲，连忙跳出战壕冲向丛林。

一木大佐发现有些士兵竟敢逃跑，连忙击毙了几个逃兵。

这时，克雷斯韦尔率领部队已经绕到日军的身后，从日军的背后展开进攻。

美军两面夹击，杀声震天，气势汹汹。

一木大佐抱着一挺重机枪，对神源说："你立即组织爆破手炸毁坦克，我来掩护你们。"

一木大佐一边喊着，一边用重机枪向后面冲过来的美军疯狂扫射。神源看见一辆美军坦克就要冲下了沙堤，连忙扑了过去。神源利用丛林的掩护，跑到离坦克2米处，突然跳出来，把反坦克手雷塞入坦克的履带中。

"轰隆"，美军坦克的履带被炸烂，坦克报废了。

美军坦克推开第一辆坦克，继续进攻。在神源的指挥下，日军组织了强大的火力，美军士兵成排成排地倒下。

日军的火力加强了，克雷斯韦尔怕美军伤亡太大，下令部队停止进攻，退回丛林。

由正面扑来的波罗克下令撤回，美军坦克继续炮击日军。人数不多的日军，仅凭手中的三八式步枪和手雷竟击退了装备飞机、火炮和坦克的美军，美军官兵不得不钦佩日军的顽强。

进攻受阻后，波罗克呼吁美军轰炸机再次轰炸。范德格里夫特决定派出预备队，不给日军喘息的机会，再次发动进攻。

俯冲轰炸机再次起飞，轮番对日军进行地毯式的轰炸。阵地上的日军无处躲藏，大部分火力点遭到摧毁。

一颗炸弹落在一木大佐身旁，几名军官被炸死，一木中了一块弹片，昏迷不醒。克雷斯韦尔指挥美军敢死队，再次发动进攻。

美军敢死队冒着枪林弹雨冲了上去，用全自动冲锋枪疯狂扫射顽抗的日军。

波罗克指挥沙堤上 4 辆坦克继续向前进攻，美军跳出阵地，紧跟在坦克后面。

日军无力抵挡美军的两面夹击，被迫撤退。

神源背着重伤的一木大佐，指挥日军在前面开路，杀出一条血路，朝西南方向败退。

被包围的日军拒不投降，抵抗得十分顽强，一些日军官兵开始剖腹自杀。克雷斯韦尔命令敢死队员杀尽还有一口气的日军伤兵。

在坦克的率领下，美军士兵追击背着一木的神源等日军，追到了海滩。日军躲到海滩的树林后面射击，作最后的抵抗。

因为无路可走，美军坦克撞倒大树缓缓前进，因此进攻速度慢了下来。

美军已经从三面包围了树林，把通向大海的那一面留给日军。日军在劫难逃了。

在美军坦克和士兵的围攻下，剩下的十几个日军四散而逃，多数战死。

8 月 21 日夜，腊包尔日军司令部听说一木支队全军覆灭，这才明白瓜岛美军人多势众，决定出动更多的登陆部队，争取在 9 月底以前重新夺回瓜岛，但已经回天无力了。

生死大决战

日军和美军展开了肉搏战，在暴风雨中，双方用刺刀、指挥刀、手榴弹、枪托甚至牙齿拼杀。

8月28日夜至9月2日夜晚，日军在夜幕的掩护下，分几批把川口支队和新组建的一木支队共5000人运上瓜岛。

9月4日夜、5日夜和7日夜，日军又用同样的办法把青叶支队一部运到了瓜岛。这时，瓜岛上的日军已经有8400人了。

为了避开从瓜岛起飞的美军轰炸机，日军被迫趁夜暗分批向瓜岛运送部队，即"鼠式运输"。

在兵力增强以后，日军决定于9月12日发动地面进攻，并对美军实施大规模的海上炮击和舰载飞机的狂轰滥炸。

参加此次进攻的日军有6000人，分三路进攻，一路由北面进攻，一路冲过特纳鲁河发动进攻，另一路渡过伦加河发动进攻。

这次进攻的指挥官是川口清健将军，川口准备采用闪击战术摧毁美军阵地，收复飞机场。

然而，川口没有考虑日军体力上的消耗，在向美军发动进攻以前，日军必须穿越泥泞的沼泽和多刺的灌木丛。在蜇人的蜂虫和水蛭的围攻下，6000名日军变得垂头丧气、无精打采了。

当日军艰难地穿过浓密的丛林时，美军早已在陡峭的山岭上修好了工事，等候日军多时了。

范德格里夫特将军在山岭上部署了700名伞兵，司令部就建在山岭后面。

9月12日晚，山岭上的美军紧张地看着缓缓爬行的日军。

忽然，一颗信号弹从山下的丛林里升入高空，黑暗中响起了机枪和全自动步枪的射击声。

第一批日军高喊着"天皇万岁"爬了上来，伏在阵地上的美军的各种武器同时开火，枪炮声和日军的喊叫声响彻夜空。

在凶猛的日本兵的冲击下，美军的一些阵地被突破，有的防线被迫后移。然而，日军丧失了连续进攻的能力，第一批日军已经攻进了美军阵地，但第二批日军正在丛林里喘着粗气向上爬。

这时，美军大炮一阵齐射，炮弹落在美军阵地上的日本士兵之间。日本兵被炸得粉身碎骨，剩下的通过丛林跑掉了。

天亮后，美军发动了反攻，把日军赶出了阵地。山岭仍然掌握在美军手中。

百武认为日军肯定占领了这座重要的山岭，所以，在这一天他没有派轰炸机轰炸山岭。据侦察机报告，塔辛博科登陆的美国部队就在川口部队的后面，百武连忙派轰炸机前去轰炸，结果把川口的后续部队当成登陆的美军给轰炸了

在山岭下闷热的丛林中，川口把第一次进攻退下来的日军和刚赶到的日军编成一支2000人的进攻部队，准备再次发动进攻。

当天晚上，川口把2000名日军分成6组，轮番组织进攻。日军高喊着，从黑暗的丛林中向山上冲锋。整个美军防线上展开了激烈的肉搏战。

美军防线的中段逐渐向后移动，但始终没有被日军突破。在东面至特纳鲁河一带，日军也冲向了美军，但仍无法突破美军阵地。

山岭上，日本兵向美军发动连番冲锋。美军大炮发射出更加凶猛的炮火。由于日军向美军阵地不断地接近，炮弹的落点向美军的阵地靠近。

双方再次展开肉搏战。许多士兵被捅死和砍死。在肉搏战中，美军炮弹的爆炸声和惨叫声混合在一起。

当太阳升起时，瓜岛上的美军飞机纷纷出动。飞机上的航空炮和机枪喷射着火舌，击溃了日军。

5辆美军坦克顺着特纳鲁河推进，把日军打得无招架之力。

川口指挥剩下的日军，躲进茂密的丛林中。川口不想回到海岸，尽管海边的路很平，但美军飞机肯定会狂轰滥炸。

日军混乱不堪，士兵乱哄哄地撤退着，已经没有队形了。第三天，没有食物，只有吃草根和苔藓。日军哪里还抬得动伤兵，只好扔掉伤兵了。

为了向瓜岛增兵，日海军加快了运输速度。9月中旬至10月中旬，日军几乎每天夜里都会向瓜岛秘密增兵。

10月17日，在瓜岛的日军已经有15个步兵营，2.2万人，装备了25辆坦克和100多门火炮。

为了歼灭瓜岛日军，美军也向瓜岛输送兵力和补给品。9月18日，美军把4,200人运上瓜岛。10月13日，美军把3000人运上瓜岛。10月23日，在瓜岛的美军达2.3万人，与日军抗衡。

在瓜岛多次进攻失败后，第17军司令百武中将迷惑不解。自从太平洋战争爆发以来，日本陆军一路上所向披靡，而瓜岛上的美军却负隅顽抗，他决定亲自登岛指挥作战。

10月9日，百武带领指挥部人员在瓜岛上岸。

百武再次低估了美军的实力，在对瓜岛的地形还不够了解的情况下，百武下达了作战命令。

百武下令：炮兵指挥官住吉少将由西面炮击美军沿河构筑的阵地；第2师团丸山中将由南面分兵两路夹击瓜岛机场，一路由川口指挥，一路由那须指挥；飞机和水面军舰全部参战。

10月23日夜，住吉指挥炮兵炮击美军阵地。日军大炮齐鸣，炮弹炸起的泥土掩盖了美军官兵。

12辆日军轻型坦克冲向沙堤，光着膀子，头上缠绕白布条的日本兵端着三八式步枪，高喊着"天皇万岁"，开始进攻。

日军官兵成群地跟在坦克的后边，在狭窄的沙堤上挤成一团。美军的各种武器同时开火，日军不断地毙命。

美军的火炮反击了。炮弹落在坦克的后边，炸得日军官兵无路可逃。

住吉连忙命令日军炮兵压住美军炮火，掩护坦克和步兵。美军在防御阵地上部署了装甲车，其75毫米口径反坦克炮连续击毁3辆日军轻型坦克。从后边冲上来的坦克把被击毁的坦克推到河里。

一辆坦克冒着密集的反坦克炮火冲过沙堤，在美军阵地横冲直撞。日军官兵跟着坦克进入美军阵地，纷纷投出手榴弹，炸死很多美军士兵。

许多日军官兵进入美军阵地。双方展开了肉搏战。

美军发现日军进攻的兵力不足，命令炮火击毁后边的坦克，把后面的日军截住。美军的爆破手，用反坦克手雷对付冲进阵地的坦克。

爆破手们冲到日军坦克旁，迅速地把反坦克手雷塞到坦克履带里。

美军陆战队员在瓜岛林地里休息

"轰隆"一声，坦克履带被炸烂。坦克驾驶员刚爬出坦克，就被打死了。

美军装甲车不断地发射反坦克炮，美军的火焰喷射器手朝坦克后边的日军喷射火龙。火龙焚烧着四散而逃的日军官兵。

激战 5 个多小时后，日军伤亡惨重，已经没有招架之力了。

住吉指挥剩下的日军躲进丛林，美军阵地上留下了很多日军尸体。

24 日早晨，百武听说住吉进攻又失败了，暴跳如雷。百武命令当晚马上向"亨德森"机场发动进攻。

下午，瓜岛上空浓云滚滚，大暴雨就要来了。傍晚，空中响起了阵阵雷声。这时，日军所有的大炮都开火了，密集的炮弹落在美军阵地上。几艘日军驱逐舰也用舰炮射击美军阵地。

日军官兵冒着暴雨，端着明晃晃的刺刀跳出丛林，高喊着口号，纷纷冲向美军阵地。

美军轻重机枪手纷纷射出密集的子弹。美军火炮也疯狂地炮击，炮弹雨点般落在日军身上，炸死许多日军。

日军毫不怕死，跟着指挥官继续向前冲锋。成片的日军倒下了，后面的日军继续向前冲。

面对日军的集团冲锋，美军不断地发射照明弹，将日军照得一清二楚。美军机枪和大炮的威力得到了充分的发挥，几乎每颗机枪子弹都能射中日军。

日军仍然发起一次次集团冲锋，日军通过铁丝网缺口，踏着地上的尸体，迎着枪林弹雨拼命向上冲。

许多美军士兵跳出战壕，抱着冲锋枪猛扫，密集的子弹射向日军。

日军扔出许多颗手榴弹，在美军阵地上炸响，很多日军从美军阵地的缺口处进入。

日军和美军展开了肉搏战，在暴风雨中，双方用刺刀、指挥刀、手榴弹、枪托甚至牙齿拼杀。双方杀得难解难分，双方的火炮都停止了炮击。

日军的后续部队不断地冲上前线，这时，美国的预备队也全部参战了。

美军的装备精良，时间长了，日军很难抵挡，似潮水一般地向山下撤退。

10月25日夜，日军那须弓雄少将病了好几天，他用军刀支撑着虚弱的身体，率领日军出发了。

日军集中所有的大炮，炮击美军的防御阵地。美军都躲到阵地后面，结果日军的炮火失去了作用。

美军的大炮向日军的炮兵阵地猛轰，双方开始了炮战，夜空中炮弹乱窜，遍地开花。发动进攻，那须将军也冲向了美军。一颗炮弹在他身边炸响，那须被气浪冲得差点摔倒。旁边的参谋连忙把他扶住。

成群的日军官兵，冒着炮火向前冲锋，口中大喊："美国佬，你们快完蛋啦！"

官兵的狂热振奋了那须，那须举起指挥刀像年轻人一样冲向铁丝网，下令投手榴弹，炸毁铁丝网。

黑暗中，美军的轻重机枪一同开火了，那须少将倒下去了。日军官兵看见将军被打倒，狂呼乱叫地向美军冲去。

经过几次交战，瓜岛美军完全摸透了日军的战术，美军先躲在工事里，等日军的炮火准备过后再跳进战壕，日军不靠近绝不射击。当日军靠近铁丝网，被迫挤在一起时，再扔出手榴弹，轻重机枪同时射击。

美军还组织了狙击手，专门射杀冲在前面的挥舞军刀的日军指挥官。狙击手打死了很多日军指挥官，结果日军群龙无首，很难发起有效的攻势。

美军击退了日军的6次进攻，日军的第7次进攻攻势更猛，日军攻入美军前沿阵地，美军被迫向后撤退。

美炮兵进行了更加猛烈的炮击，轰炸阵地上的日军，美军刚刚撤出的阵地变成了地狱，日军士兵无处躲藏，被炸得身首异处。

连续两天两夜的厮杀，山岭变成了焦土，丛林变成了山地，日军中队长以下的指挥官全都战死。

11月4日、11日、12日，美军陆续向瓜岛增兵，总兵力达2.9万人。美军运来了很多重炮和坦克等重武器，火力大大增强。岛上的美军航空兵部队实力大增，包括4个海军飞行中队和1个陆军飞行中队。

11月6日，日本统帅部组建了陆军第8方面军，包括第17军、第18军和方面军直辖1个师。日海军派第2舰队、第5舰队和第8舰队主力以及第11航空舰队支援陆军。至11月12日，瓜岛日军的兵力超过了美军1000人，达到3万人。

11月16日，麦克阿瑟的部队在瓜岛成功登陆。麦克阿瑟指挥美军不断地反攻，把日军赶到沿海的狭小地带。

由于后勤补给中断，瓜岛的日军面临被全歼的危险。因为粮弹药品奇缺，日军官兵虚弱不堪，许多官兵饿死、病死，多种疾病蔓延，更谈不上什么战斗力了。

12月，美军在瓜岛上的兵力增至5万，日军只剩下1万多人了。

12月31日，日军统帅部决定：停止夺取瓜岛的作战，秘密撤离。

1943年1月4日，第8方面军要求岛上日军继续抵抗，为撤退作准备。

为了保证撤退成功，日军出动300架飞机，20多艘驱逐舰负责掩护。2月2日、4日、7日，日军1.19万人分三批撤离瓜岛。对于日军的每次撤离，美军都以为是在增兵。

1943年2月9日，美军宣布瓜岛战役胜利。

在长达6个月的瓜岛地面争夺战中，盟军参战的地面部队达6万人，死亡1592人。而日本陆军先后投入的兵力达3.9万多人，死亡2.46万人。

第七章

喋血斯大林格勒

斯大林格勒告急

在德国，希特勒极有信心地对外宣布斯大林格勒战役已经赢了。

在莫斯科会战和苏军冬季反攻胜利后，苏德双方都急需休整。德军更是精疲力竭，漫长的苏德战线相对沉寂下来。

但是双方都在厉兵秣马，准备更大规模的决战，以夺取战争的主动权。

1942年4月5日，希特勒向德军发出了新指令。只要天气及地面条件有利，德军将突入高加索，夺取那里的油田，同时向斯大林格勒推进。

事后的历史证明，这个犯了兵家大忌的两线作战的决定，最终导致了德国军队有史以来最为丢脸的失败。

希特勒的作战指令说："无论如何必须竭尽全力到达斯大林格勒地区。或者至少使这座城市处于重炮射程之内，从而使它不能成为工业中心和交通枢纽。"

希特勒之所以如此重视斯大林格勒，是因为它是苏联内河航运干线，又是一座重要的工业城市。

5月，苏德双方经过积极准备，相继展开了军事行动。不久，哈尔科夫战役打响。德军倾其全力进行反扑，挫败了苏军的局部攻势。

6月，德国两个集团军群上百万之众，向顿河和伏尔加河之间猛烈进攻。

经过激战，德军又夺回了战争的主动权。希特勒步步进逼。

6月28日，希特勒调集大量步兵、坦克进攻斯大林格勒。

负责主攻斯大林格勒的是德国"B"集团军群，其主力是第6集团军和第4装甲集团军。

保卫斯大林格勒的是斯大林格勒方面军下属的第62、63、64和第21集团军。

7月，斯大林发出第227号命令，指出必须寸步不让地抗击敌人的进攻。

斯大林决心不惜一切代价，坚决守住这一重要工业城市和南北交通枢纽。

7月17日，德军开始以优势兵力猛攻苏军的前沿阵地，激战1个月后，部分德军突破了苏军的顿河防线。斯大林格勒外围战开始。

斯大林命令苏军两个方面军投入战场，并派国防委员会委员马林科夫、苏军总参谋长华西列夫斯基飞抵前线协助作战，指示叶廖缅科上将统一指挥该地区的两个方面军。

德军步兵在突击炮的掩护下向斯大林格勒进攻

8 月 8 日，德军已经占领了苏联年产 250 万吨石油的迈科普油田。

8 月 17 日，德军发动大规模的钳形攻势。

经过 7 天战斗，一路敌军逼近伏尔加河，苏军被切成两段。

德国飞机对斯大林格勒狂轰滥炸，在一昼夜间出动 2000 架次，满城一片火海，使这座 62 万居民的城市化作一片废墟。

8 月 21 日，纳粹党旗已经插在高加索的最高峰——布鲁斯山头上。

两天之后，保卢斯的第 6 集团军也已抵达斯大林格勒正北的伏尔加河一带。

8 月 25 日，克莱施特的装甲部队已经进驻莫兹多克，距格罗兹尼的苏联最大产油中心只有 80 公里，距里海也只有 161 公里。

9 月初，德军从西南方向发起了猛攻。到 9 月 4 日，德军抵达了斯大林格勒的外围。

保卢斯的第 6 集团军正从容地逼向斯大林格勒。

逼近斯大林格勒的德军开始对这座城市狂轰滥炸，投下的炸弹有一半是燃烧弹。

满城一片火海，百里之外都能看见。

在德国，希特勒极有信心地对外宣布斯大林格勒战役已经赢了。

朱可夫扭转乾坤

苏德双方都已精疲力尽，战斗渐渐停下来。德军保卢斯的第 6 集团军已经无力继续发动大规模的进攻了。

在斯大林格勒战役中，希特勒又一次忽略了苏联的抵抗能力，特别是轻视了朱可夫将军的军事才能。

这时，斯大林任命朱可夫为最高统帅助理，到斯大林格勒前线了解情况，指挥苏军反击。

朱可夫到达斯大林格勒前线后，立即实施了部分反击。由于红军反击力量非常薄弱，收效不大。

之后，朱可夫和华西列夫斯基仔细研究了斯大林格勒的形势，向斯大林建议，苏军应转入积极的防御，等待时机发动一场规模巨大的反攻，从而扭转南方战场的形势。

朱可夫建议将反击的重点对准由力量较弱的德国仆从军罗马尼亚军队防守的斯大林格勒侧翼。

朱可夫认为，随着时间的推移，形势会变得对苏军有利，因为苏军战略预备队的组织和训练需要时间。而德军兵力不足，战线过长，没有足够的战略预备队，因此不可能完成在北高加索、顿河、伏尔加河地区的南方战线的战略目标。

斯大林同意了朱可夫的分析和建议，给予了最大程度的信任。

在此期间，朱可夫频繁往返于斯大林格勒前线和克里姆林宫之间，会同斯大林和华西列夫斯基制订了斯大林格勒反攻计划。

9 月初，斯大林向朱可夫发出紧急电报，要求他指挥城外各部队立即

突击敌人。

朱可夫按照斯大林的命令调集 3 个集团军进行突击，迫使敌军放慢了对斯大林格勒的进攻速度。

9 月中旬，战斗再度激化，德军又增加了 9 个师的兵力。苏军指战员与德军展开殊死搏斗。

从 9 月 13 日开始，苏德双方展开了残酷的市区争夺战。

当时，希特勒投入市区战斗的兵力有 13 个师。

斯大林格勒方面军虽拥有 6 个集团军，但每个师都严重缺员，防守市区的苏军仅为 9 万人。

但是，苏联士兵个个视死如归，顽强抵抗。

德国将军汉斯·德尔回忆当时战斗的情形时写道："进展不是以公里来衡量，而是以米来计算……因为每争夺一座楼房、车间、水塔、铁路护堤、一堵墙、一间地下室，甚至一个瓦砾堆，都要进行激战，其激烈程度连第一次世界大战时大规模的激战都无法相比。敌我之间的距离几乎无法度量。"

德军航空兵和炮兵试图扩大这种"近战"地带双方间的距离，但是毫无作用。因为苏军和斯大林格勒居民充分利用他们熟悉地形的优势和巧妙伪装，与德军进行街垒战和巷战。

朱可夫组织了高度机动的"暴风队"，尽管每一队的人数不多，但都配备手榴弹、机关枪和反坦克炮等武器，能够闪电般地攻击德军，并随后消失在瓦砾碎石后面。

这时候，德国的坦克倒显得大而无用了。在窄窄的街道上，当它们身后或侧面受到攻击时，很难迅速地调头。加上枪炮缺乏仰升装置，无法向建筑物上方开火，而在那里，苏军的反坦克炮正向它们瞄准。

同时，苏军隐藏的狙击手经常神出鬼没地向德军射击，打得德军心惊胆战。

苏军元帅朱可夫

全市的街道和广场都变成了激烈的战场。

大部分时间，苏德双方靠得非常近，以至于可以隔街对骂。

有时候，一个战斗连续几天都围绕着有着战略意义的建筑展开，经常出现战斗前阵地还在自己手里，战斗后已属于对方接管的情况。第 1 火车站在一周之内曾经 13 次易手。

战斗的残酷可想而知，瓦砾废墟上横七竖八地躺满了丢弃的尸体。

一名德国军官写道："斯大林格勒不再是一座城市，而是一个杀人炉灶。这里的街道不再是用米来丈量，而是用尸体来计算。"

10 月中旬，恼羞成怒的德军向斯大林格勒发动了更为猛烈的进攻。

5 个德军步兵师和两个装甲师沿着 5 公里宽的战线展开，投入战斗。

10 月 14 日，德军空军出动了飞机约 3000 架次，不间断地对红军部队进行轰炸和扫射。

当日午夜，德军将著名的捷尔任斯基拖拉机厂包围起来，在车间里

进行的战斗残酷而激烈，沿着拖拉机厂的墙边就留下了3000具德国人的尸体。

10月底，苏德双方都已精疲力尽，战斗渐渐停下来。德军保卢斯的第6集团军已经无力继续发动大规模的进攻了。

11月上旬，尽管德军占领了市区的大部分，但始终没能消灭市内的各个防御点，并为此付出了高昂的代价。

顽强的苏军一直牢牢地守卫着伏尔加河西岸的狭长地带。

尽管德军损失了近7万人和大量的武器装备，始终不能完全占领斯大林格勒。

就在双方进行激烈的市区争夺战期间，苏军最高统帅部在9月中旬就已经制定了斯大林格勒战役的反攻计划，并开始积极准备。

根据计划，苏军参加反攻的有斯大林格勒方面军、顿河方面军和新组建的西南方面军，总共110万人，配有新式的T—34坦克和威力强大的"喀秋莎"火箭炮。

当时，德国B集团军群虽然也纠集了80个师，近100万人，但两翼兵力较弱。

掩护德军南翼的是罗马尼亚第4集团军，掩护德军北翼的是罗马尼亚第3集团军、意大利第8集团军和匈牙利第2集团军。

这些仆从国军队装备较差，战斗力也较弱。

因此，总的来说苏军在兵员、大炮和坦克的数量方面都占有优势。

11月13日，斯大林签发了大规模反攻命令。

11月19日早晨，隆隆的炮声揭开了西南方面军、顿河方面军和斯大林格勒方面军反攻的序幕。

苏军新装备的1250门"喀秋莎"火箭炮，一次就可发射1万发炮弹，德军官兵对此惊恐不已，斗志大减。

在上午9点前，炮火转向德军防御纵深，苏军步兵在支援的坦克和炮兵的协同下，开始了进攻。

苏军西南方面军在瓦杜丁的指挥下很快突破了罗马尼亚军队的防线，罗马尼亚第3、第5集团军一败涂地。

苏联顿河方面军的第26军到了彼拉佐夫斯基附近即转向东南，与斯大林格勒方面军会合。

苏联第26军采取了一个大胆的行动：凌晨3点，第26军的先头部队开着明亮的车灯，以纵队队形沿着从奥斯特罗夫到卡拉奇的公路，经过德军防御阵地大摇大摆地向渡河处前进。

德军误以为是自己的部队，让苏军安然过桥，开到顿河左岸。

苏联第26军趁机占领了这座卡拉奇附近顿河上的唯一一座桥梁，然后发出信号弹，通知后继部队进攻。

3天之内，苏军的34个师渡过了顿河。

之后，苏军兵分两路，一路向西疾驰，直捣德军的后方，一路直奔德军聚集的卡拉奇，并在11月23日早晨占领卡拉奇。

11月20日拂晓，斯大林格勒正南方向的斯大林格勒方面军突破了罗马尼亚第4集团军的防线后继续北上，在11月23日傍晚与卡拉奇的西南方面军会师，从而把斯大林格勒地区的敌军22个师（约30万人）合围起来。

保卢斯"晚节不保"

11月23日晚上，德第6集团军司令保卢斯向希特勒发出一份无线电报，证实了他的部队已经被苏军包围。

希特勒立即回电，指示保卢斯把司令部迁入斯大林格勒城内，死守待援，由空运解决部队的给养问题。

但是，希特勒的话等于白说。每天空运物资至少要750吨。

在这种风雪交加的天气中，苏联战斗机已经牢牢掌握制空权的情况下，德国空军想完成这个任务是根本不可能的。何况，德国空军缺少足够的运输机。

因此，更为有效的办法是替德第6集团军解围。

赫赫有名的德国第6集团军的多数官兵都参加过波兰战役、法国战役、巴尔干战役和侵苏战役。

德第6集团军总共有27万人，编成了13个第一流的德国师，其中有3个是装甲师。整个集团军有500辆坦克和3000门大炮，以及几万辆大卡车。

协同他们作战的还有德空军第4航空队的1200架飞机。这支部队如果沿着一条4车道的公路行军，将会形成一条数十公里的长龙。

6至8月，这支部队与苏军大战了数十次，冲破了几十万苏军的抵抗，冲过顿涅茨河、顿河，直抵伏尔加河。

在两个多月时间内，保卢斯第6集团军跃进了800公里，从北面、南面和西面包围斯大林格勒。

斯大林知道此战关系全局的得失，下令苏军节节抵抗，以阻滞保卢斯的进军速度，同时消耗德军实力。

保卢斯率部到达斯大林格勒城下时，一度大喜过望，认为斯大林格勒已经是囊中之物了，准备一举拿下。

但是，苏军的抵抗更加顽强了，一个师被打败，立刻又一个师补上来。战斗由先前的运动战变成了阵前的肉搏战。

保卢斯费了九牛二虎之力，才夺下了城区的四分之三，而自身元气大伤，减员十分严重。平均起来，德军每个师减员三分之二以上。

与此相反，苏军却源源不断地运来新的精锐部队。

11月25日，希特勒把曼施坦因元帅从列宁格勒前线调来，让他从西南向前推进，替第6集团军解围。

曼施坦因以第4装甲集团军为前锋，向东北进攻，夹击了处于两支德军之间的苏联军队。

由于希特勒不同意第6集团军从伏尔加河撤退，这意味着第6集团军必须留在斯大林格勒，也就意味着曼施坦因必须杀开一条血路，打到斯大林格勒。

12月12日，曼施坦因开始沿铁路线北上，不顾重大伤亡，向斯大林格勒方向冲击。

但是，一支以450辆坦克为先导的苏联大军在12月16日从马蒙附近发起新的攻势，粉碎了意大利第8集团军之后，南下直插曼施坦因的后方。

曼施坦因发现自身难保，于12月23日停止北上，开始后撤。

这样，被围的德军第6集团军成为瓮中之鳖。

这时候，严冬的寒风已经袭击南部草原，到处都是积雪，气温降到零度以下，被围的德军处境十分狼狈：

坦克缺少燃料不能开动，大炮缺少炮弹，马匹被宰杀精光，士兵们喝的只有雪水……

德军士兵正在为被大雪阻塞的坦克清理通道

德军忍受着饥饿、严寒和炮火的轰击，蜷缩在战壕里，等待着灭亡的命运。

保卢斯感到前景极为不妙，一面期待援军，一面盼望空军的补给。

正在保卢斯陷入绝境的时候，苏军送来一份长长的劝降书。

那是1943年1月8日早晨，3名苏联青年军官带着一面白旗，进入德军防线，把最后通牒交给了保卢斯，敦促德军投降。

通牒中的条件是体面的：被俘人员一概发给"标准的口粮"，伤病员和冻伤人员会得到医治，被俘人员可以保留军衔、勋章和个人财物。

通牒要求保卢斯在24小时内给予答复。然而，保卢斯拒绝投降。

就在德军拒降的第二天，即1月10日，苏军向包围圈内的保卢斯部队发起了全面进攻。

苏军用5000门大炮对准德军阵地进行了猛烈的轰击。炮弹像雨点一样落下来。

在不到30平方公里的包围圈里，密麻麻的30万德军在一天内承受着上千吨的爆炸物。

之后，苏军T—34坦克发起集团冲锋，涌向德军的阵地。

曾几何时，不可一世的德军以飞机、坦克、大炮开路，重创苏军，如今，苏军以同样的方式进攻德军。

疲惫不堪的德军面对苏军排山倒海的攻势，斗志全无，丢下枪械，狂撤不已。

数天之内，包围圈缩小了一半。

保卢斯和他的部队进入了绝境，全军处于衰竭状态。一度以军纪严明著称的德第6集团军变得纪律废弛，士气低落，包围圈内更是混乱不堪。

德军把燕麦和牲口饲料吃光了，开始杀军马来充饥；烧完了家具之后，就拆房取暖；汽车用完汽油之后便放火烧毁；坦克没有燃料，大炮没有炮弹，都被炸毁了。

一切都已经到了崩溃的边缘。德军已经预感到这一点，三三两两地逃出包围圈，以求生路。

保卢斯只好致电希特勒，请求率部向西突围，不料，希特勒却拒绝了他的请求。

希特勒在回电中说："德国士兵不论走到哪里，都要牢牢地扎下根，决不可以谈后退。"

希特勒心中还有一个算盘：保卢斯部队拖住了百万苏军，这为德军的战局换来了时间，希特勒可以从容地调整部署，以便在其他战线上取得主动。而保卢斯和他的第6集团军则成了希特勒的战略牺牲品。

1943年1月24日，苏军再度送来劝降书。保卢斯致电希特勒，请求投降。

希特勒拒绝了保卢斯。

为了鼓励保卢斯，希特勒派飞机冲过苏军封锁，空投了许多嘉奖令和晋升令，保卢斯被晋升为德国陆军元帅，很多官兵也连升几级。

保卢斯只好率领残余部队进行没有任何希望的抵抗。

1月26日，包围圈被切成了南北两块：保卢斯为首的9个师困在市

中心，另外 12 个师在北部工厂区。

这时的保卢斯还在艰难地执行着希特勒的命令："不许投降。第 6 集团军必须死守阵地，直至最后一兵一卒一枪一弹。他们的英勇坚持对建立一条防线和拯救西方世界将是永志难忘的贡献。"

几天后，苏军向保卢斯部队发起了总攻。飞机、坦克一齐向德军冲来，潮水般的苏军势如破竹。

在苏军的攻势下，保卢斯于 1 月 30 日电告希特勒："最后的崩溃不出 24 小时之内"。

果然，第二天傍晚，苏联军队进入了第 6 集团军司令的地下室，保卢斯不得不投降了。

北部工厂区的德军坚持得稍微长一点，到了 2 月 2 日中午，这支部队也投降了。

保卢斯的第 6 集团军有 9 万人成了俘虏，其中有 2500 名军官、24 名将军和刚荣升元帅不过 10 天的保卢斯。

至此，德国第 6 集团军这支王牌部队已经不复存在了。

1943 年 2 月 2 日，斯大林格勒战役以苏军胜利而宣告结束，德军遭到了毁灭性的打击。

在整个斯大林格勒战役中，德军共损兵 150 万，坦克 3500 辆，火炮 12 万门，飞机 3000 架。

当苏联为庆祝胜利而举行游行的时候，希特勒宣布致哀三天。

希特勒一直不肯原谅保卢斯。他憎恨保卢斯"晚节不保"，没能"杀身成仁"，因而愤愤不平地挖苦说："保卢斯还是没能跨进永垂不朽的门槛。"

历时 180 天的斯大林格勒保卫战震惊了世界，成了第二次世界大战的转折点。

从此，德军一蹶不振，希特勒也开始走下坡路了。

　　1943 年 1 月 18 日，朱可夫被授予苏联元帅的称号，他是第二次世界大战战地司令中获得这个称号的第一人。

　　苏联《消息报》在一篇社论中将朱可夫排在新提升的元帅和将军的最前面，称他为"具有高度天才的勇敢的领导人"，在列宁格勒、莫斯科、斯大林格勒天才地执行了斯大林打退德军的计划。

第八章

征战西西里

重兵集结地中海

盟军在登陆西西里之前，已经完全取得了制空权和制海权。

1943 年 1 月，英、美两国在怎样征服德国的战略问题上出现了严重分歧。英军参谋们主张攻打意大利，认为这是必然趋势，能够取得意义重大的胜利。盟军攻打意大利能够带来更大的好处，占领福贾附近的机场，从而加强进攻德国的空中力量。如果幸运的话，还能打通一条由南边进攻德国的路线。

美军参谋们的观点是：只有攻打法国，才能占领德国。美军参谋们认为，虽然进攻意大利牵制了德军的兵力，但同时也分散了盟军的兵力，推迟了横渡英吉利海峡的登陆战。

英方认为，目前能够实施登陆的地点只有两个：一个是西西里岛，一个是撒丁岛。撒丁岛的防守薄弱，但该岛缺少能够发动大规模两栖登陆的港口。登陆西西里岛的难度很大，但能够直接威胁意大利，使意大利退出战争；占领了西西里岛，能够保证西西里海峡的安全，便于盟军歼灭岛上的德意军队。

英军参谋们认为，攻打西西里最重要的意义就是使墨索里尼政权垮台，迫使意大利投降，为同盟国的下一步军事行动打开通路。英方还希望，给德意部队造成的打击会使土耳其政府放弃中立，加入盟国。

美军参谋们对此并不热衷，但他们也承认，在横渡英吉利海峡以前，地中海的盟军部队不能无所事事，应该争取战机，而意大利的西西里岛就成了攻击的首先目标。

最后，盟国参谋们一致认为，在意大利建立一个基地，会大大降低德国人和意大利人的斗志，大大提高盟军的士气。盟国最后确定将西西里岛作为登陆目标，行动代号为"爱斯基摩人"。西西里岛战役的意图是保证地中海的海上运输线；减轻东线的苏军压力；使意大利投降。盟军的参谋长们还决定，先登陆西西里岛，再根据情况的变化进攻地中海的其他地方。

1943 年 5 月 12 日，突尼斯战役胜利后，在罗斯福和丘吉尔的主持下，盟军联合参谋长会议在华盛顿召开，目的是根据地中海战区、东线苏联战区和太平洋战区的大好局势，确立盟国的新战略。

会议最终决定，攻打西欧的行动，即"霸王"计划（登陆诺曼底）定于 1944 年 5 月 1 日实施；在意大利西西里登陆的时间定于 1943 年 7 月 10 日。登陆成功后，盟军将发动新的攻势，击垮意大利，使意大利退出轴心国。但美国提出了一个条件，即西西里登陆作战只能出动地中海的盟国部队，还要从中抽调 7 个师撤回英国，以为日后"霸王"行动使用。

英国则向美国保证，一定参加 1944 年 5 月 1 日实施的"霸王"计划。盟国已经做好了准备，西西里岛战役快开始了。

为了发动登陆战役，盟军组建了第 15 集团军群，总司令是英国的亚历山大将军，下辖英国第 8 集团军（蒙哥马利）和美国第 7 集团军（巴顿），总兵力达到 47 万人。

英国海军上将坎宁安出任盟军海军总司令，拥有战斗舰艇和登陆船只 3200 艘。英国空军中将特德指挥空军，拥有 4000 多架飞机。盟军统帅艾森豪威尔将军出任总指挥。

具体计划的制定者们认为，西西里战役的成功依赖于 3 个因素：制海权、制空权和夺取港口。由于英国海军早就在地中海夺取了制海权，第一个因素拥有了。最大的难题是第二个因素，盟军飞机能够利用的唯一地点，是位于利卡塔和锡腊库扎间的西西里东南角沿岸。那里的 3 个港口，无法满足大批盟军部队对物资的需要。

制定者们只好提出，首先应该攻占西西里岛上那些盟军飞机能提供空中掩护的海滩，先修筑机场，扩大飞机的掩护范围。在这些任务完成以后，登陆部队的主力再在巴勒莫和卡塔尼亚的主要港口附近登陆。

这一计划遭到了亚历山大和蒙哥马利的强烈反对。他们指出，这样做，增援的德军很可能歼灭兵力分散的盟军小股登陆部队。亚历山大和蒙哥马利主张在盟军飞机能够提供空中掩护的某一地区，发动大规模的登陆。至于后勤问题，英国海军认为，由于拥有了大批新式坦克登陆舰和几百辆水陆两栖车，进攻的登陆部队能够在 3 个港口的支援下，通过西西里岛的海滩登陆场进行有效补给。

经过反复的论证后，艾森豪威尔批准了这一大胆的大规模登陆计划。

计划规定：突击部队分为东线的英军和西线的美军，英军在西西里岛南部登陆，美军在东南部海岸登陆。上岸后迅速向北发动进攻，从而夺取西西里岛。运送两支登陆部队的海军舰队是美国休伊特海军中将率领的西部特混舰队和英国拉姆齐海军中将率领的东部特混舰队。

西部海军特混舰队运载美军登陆部队，分成 3 个编队，负责在西西里岛东南部杰拉湾海岸长达 60 公里的海滩上强行登陆，占领利卡塔港、杰拉港和斯科利蒂渔村，作为登陆场。

东部海军特混舰队运载英军登陆部队，分为 4 个编队，占领西西里岛南部的帕基诺半岛和诺托湾沿岸。英军的登陆正面长达 160 公里，英军面临着巨大的挑战，这同时是第二次世界大战中界面最宽的一次登陆战。

参加登陆的部队共 47 万多人，美军和英军各占一半。美军拥有 580 艘舰船和登陆舰，搭载 1124 艘登陆艇，由比塞大以西的北非各港口出征；英军拥有 818 艘舰船和登陆舰，搭载 715 艘登陆艇，从东地中海和突尼斯出征。

另外，英海军出动 6 艘战列舰、2 艘航空母舰、6 艘轻型巡洋舰和 24 艘驱逐舰组成掩护舰队，由英国海军中将威利斯率领，以防止意大利海

美国陆军登陆西西里

军给登陆舰队造成巨大的威胁。登陆时间定为 1943 年 7 月 10 日凌晨 2 时
45 分。

　　5 月 19 日，亚历山大将军下达作战指令，把西西里战役分成 5 个阶
段：第一阶段，海空军摧毁德意的空军部队和空军基地，夺取制空权；第
二阶段，在空降兵的支援下，于拂晓前发动两栖突击，保证海岸机场、利
卡塔港、锡腊库扎港的登陆阵地；第三阶段，扩展阵地，以阵地为跳板攻
占奥古斯塔、卡塔尼亚和杰比尼的机场；第四阶段，攻占以上地区；第五
阶段，占领整个西西里岛。

　　亚历山大将军要求英军全速向墨西拿推进，并控制墨西拿海峡，切断
西西里岛德意军队的海上补给线。

　　同时，美军保护英军翼侧的同时攻占重要的机场，英军和美军发动

机动战，使德意军队在埃特纳火山附近陷入包围，防止德意军队逃回意大利。

为了使德国和意大利相信盟军的主攻目标是希腊，第二进攻目标是撒丁岛，盟军散发了假情报，把一具带有伪造文件的"马丁少校"的尸体放在西班牙海岸。伪造的文件落入德国间谍手中。

德国最高统帅部收到文件，没有经过认真的分析竟相信盟军会在撒丁岛或者希腊登陆，结果德军装甲师和鱼雷舰艇被调往撒丁岛和希腊了。对此，隆美尔气愤地说："只有傻瓜才不知道盟军下一步的进攻目标是西西里岛！"盟军登陆舰队在航行时没有从北非直接驶往西西里岛，而是绕行邦角改向南再向西西里岛驶去，以迷惑德国和意大利。

在德国最高统帅部，对地中海战略问题存在着严重的分歧。隆美尔认为，兵力较少的德军无法依靠意军，盟军一旦发动攻势，德军应该立即撤离撒丁岛、西西里岛、希腊，以及比萨—里米尼一线以南的意大利领土，集中兵力投入苏德战场。

德军南线总司令凯塞林空军元帅强烈反对，他不想把意大利的空军基地让给盟军，这样，德国的工业区和罗马尼亚油田会暴露在盟国空军面前。凯塞林认为意大利军队是爱国的，只要提供少量的德军部队及大量的装备，意大利军队会英勇作战的。

希特勒采纳了凯塞林的主张，不想放弃意大利领土。希特勒下令向意大利增兵，即增援6个师，使意大利的德军总数达到13个师。德国在撒丁岛重建了第90师，在西西里岛重建了第15装甲师，希特勒还向意大利南部增援了"赫尔曼·戈林"装甲师和第16装甲师。为了防止意大利军队叛乱，希特勒要求在危急时解除意大利军队的武装，迅速占领意大利。

驻守西西里岛的部队是意大利第6集团军，意大利老将古佐尼将军出任司令，下辖8个海岸师、4个意大利机械化师和2个德国装甲师，总兵力为27万人（包括后来增援的两个德国师）。

1943 年 5 月，意大利老将古佐尼来到西西里岛。他了解到，两个德国师具有顽强的战斗意志，但装备不足，兵力太少。意军虽然有 20 多万人，但只有 4 个师勉强算得上是机械化师，意大利部队的军事素质极差，装备低下。

古佐尼还发现，守岛意军大多数是西西里人，害怕作战。班泰雷利亚岛被盟军占领后，西西里人更感到必败无疑。在西西里人中间流行一种观点，认为抵抗越激烈，家乡的破坏就越严重，他们不想抵抗。面对西西里人，古佐尼将军企图唤起他们的斗志，但是力不从心，只好放弃。

古佐尼的心情越来越沉重，他知道西西里岛的战略地位至关重要，西西里岛是意大利的重要门户，一旦西西里岛沦陷，意大利军队就会土崩瓦解。岛上意军的士气不但没有任何的提高，反而越来越低了。古佐尼看到，指挥这支军队，要想击退登陆盟军，那是绝对不可能的。

古佐尼将军不愿意不战而降，决心履行军人的神圣职责。古佐尼把希望都寄托在 2 个德国师、利沃德师和意大利增援的第 14 装甲师上。

古佐尼分析，盟军在西西里岛登陆的话，将在西西里岛东部和南部同时登陆，发动钳形攻势。古佐尼下令，罗兹的德军第 15 装甲师部署在西侧，负责抵御盟军在西部的攻势；库兰斯的德军戈林装甲师分成两支部队，较强的一支部署在距离杰拉约 32 公里的内阵，负责对付盟军在西部的攻势，较弱的一支部署在东部，负责坚守卡塔尼亚平原。2 个意大利师部署在南岸约 200 公里的正面上，其他兵力驻守在西北部，作为预备队，以应付意外情况。

古佐尼向部队下令，在盟军登陆时，所有的官兵必须抓住有利战机，猛烈地发动反攻，争取把登陆部队赶下海，否则，立即撤回内地与盟军决战。

有一个问题长期困扰着古佐尼，盟军什么时候登陆？自 5 月份以来，盟军的空军不断地对西西里海峡的岛屿上的机场进行轰炸，盟军占领班泰

雷利亚岛以后，每天都可能是盟军的登陆日。由于没有制空权和制海权，古佐尼只能被动挨打。

德、意守军长期处在高度的戒备状态，神经快崩溃了。

德军的埃特林中将控制着德国师和古佐尼。另外，德国空军元帅戈林也经常给"赫尔曼·戈林"师下令。

8个意大利海岸师的装备十分落后，士气低迷，希特勒也对抵御盟军的登陆不抱什么希望。主要问题是4个意大利机械化师和2个德国装甲师该如何部署。凯塞林指出，在盟军登陆部队登陆时，守军应该把盟军歼灭在海岸附近。埃特林认为在确定盟军的主攻方向后，守军从中央阵地发起反攻，把盟军赶下海。

埃特林下令，机动师在直径240公里的西西里岛分散部署，盟军登陆后立即向盟军发动反攻。盟军佯装向特拉帕尼进攻的登陆计划取得了效果，埃特林进一步分散兵力，把第15装甲榴弹师调到了西西里岛西端，部署在西部的有2个意大利机动师。另外2个意大利机动师与"赫尔曼·戈林"师防守西西里岛东部。

当时，德军在西西里岛的兵力仅为2.3万人，后来，德军投入西西里战役的总兵力为6万人。

由于登陆日期的日益临近，盟军开始向西西里岛的空军设施和附近岛屿发动大规模的空袭，为登陆打开通路。班泰雷利亚岛是意大利海军的飞机和鱼雷艇基地，地处突尼斯和西西里岛之间。

班泰雷利亚岛是德意"不沉的航空母舰"，日后会对盟军登陆构成巨大的威胁。再有，盟军的多数飞机的作战半径都很小，急需攻占班泰雷利亚岛，作为空军基地。

班泰雷利亚岛的面积很小，但海岸十分陡峭，可以供登陆的地段很少，再加上岛上的地形十分复杂，无法大规模登陆，而且无法空降。从全局角度来看，如果进攻班泰雷利亚岛的战斗失败，会降低盟军的士气。

美军重型装备运上西西里岛

丘吉尔承认，班泰雷利亚岛的军事价值很高，但它到底是一个小岛，岛上的意军人数顶多不超过 5000 人，但艾森豪威尔反驳道，岛上守军人数一定超过了 5000 人。

丘吉尔要求与艾森豪威尔打赌："如果岛上守军人数超过了 5000 人，每超过一个人，赌注增加一生丁。"艾森豪威尔微笑着同意了。

兴致勃勃的艾森豪威尔亲自指挥盟军攻打班泰雷利亚岛，他发动了长达 10 天的大规模空袭，不让意军有睡眠和休息的机会。接着，艾森豪威尔出动 6 艘巡洋舰和 10 艘驱逐舰向岛上的守军开炮。

1943 年 6 月 11 日，盟军抢滩登陆，一举攻占班泰雷利亚岛。盟军只损失 40 名飞行员，却俘虏了 1.1 万多意军。

愿赌服输，丘吉尔掏了 65 法郎。两天后，盟军又占领了附近的利诺萨小岛和兰皮奥内岛。这样，盟军占领西西里岛附近的所有岛屿，打开了通向西西里岛的障碍，使盟军的西西里登陆战得到了保障。

自7月3日起，盟国空军向西西里岛、撒丁岛和亚平宁半岛南部的机场、港口、潜艇基地和工业中心发动大规模的空袭，炸毁很多目标，德、意空军部队被迫把基地撤回意大利北部。墨西拿海峡的5艘火车渡轮竟被击沉4艘，西西里岛与意大利的海上补给线多次被切断。在盟军登陆西西里之前，已经完全取得了制空权和制海权。

空降兵揭开进攻序幕

　　盟军在西西里岛的空降作战，是第二次世界大战开战以来盟
军发动的规模最大的空降作战。

　　1943 年 7 月 9 日下午，从北非各港口出发的盟军特混舰队分别到达
马耳他岛东面和西面的集结海域。海上刮起七级西北风给盟军的登陆行动
带来了困难，登陆艇在汹涌的海浪中摇摇欲坠，连大型运输舰的舰首都经
常隐没在海浪中。

　　盟军官兵们站在运输舰上，一股莫名其妙的恐怖感笼罩全身。晚 7
时，马耳他岛的风势缓和。

　　午夜，进攻的时间快来到了。巴顿将军站在"蒙罗维亚"号的甲板
上，向西西里岛望去，走到全体军官们的面前，大声训话："各位，当前
的时间为 10 日零时 1 分。我奉命指挥美国第 7 集团军。它是午夜投入战
斗的第一个集团军。你们要为参加这次行动而感到骄傲，你们的手中掌握
着美国陆军的光荣和未来。你们值得取得伟大的信任。"

　　第 7 集团军启航了，运送他们的是 3 支海军分舰队。同时，蒙哥马利
的第 8 集团军也启航了。根据预定计划，第 7 集团军在杰拉方向登陆，第
8 集团军在锡腊库扎方向登陆。

　　2000 多艘军舰和运输船只，兵分两路，在夜色的笼罩下，在地中海
上向西西里岛驶去。

　　西西里岛十分平静，古佐尼无法准确判断盟军的登陆时间，岛上的守
军连夜高度警戒，官兵们已经十分疲劳。7 月 9 日下午，正好刮起了大风，
守军认为盟军今晚不会来了，于是放心地睡着了。

7月10日凌晨2时45分，美军和英军分别在杰拉和锡腊库扎地区登陆。

岛上的守军没有料到，盟军会在这个鬼天气登陆，使盟军登陆部队占了便宜。

正在盟军官兵源源不断地登陆时，为了支援海上登陆而发动的空降作战却很不顺利。

空降根据"哈斯基"作战计划实施，美国第7集团军和英国第8集团军都在登陆前使用空降兵攻占登陆场，以保证登陆部队成功登陆。

根据"哈斯基"计划，自4月上旬起，参加作战的空降兵部队就在摩洛哥的乌季达地区进行了空降模拟演习。

为了空降成功，6月10日夜晚，盖文上校和两名营长、3名运输指挥官，坐飞机在西西里岛上空进行了侦察。通过细心地侦察，掌握了西西里岛的地形特点。

6月中旬左右，美国空降兵第82师和英国空降兵第1师从突尼斯出发。空降兵部队到达出发地点后，对伞兵的武器装备和物资装备逐一检查，对物资都过了秤，进行空投试验。

7月8日傍晚，空降部队准备起飞。这时，天空晴朗，空降兵们士气高昂。

7月9日晨，空降兵们醒来，风力在逐渐加大。他们忧虑地望着天空，渴望天气的好转。下午，风力达到七级。

就在盖文上校和希克斯将军感到不安的时候，他们同时接到了上级发来的命令："天气会更坏，仍按计划执行。"

18时42分至20时20分，在希克斯将军的率领下，英军空降第1旅2,578人，乘坐由运输机编队牵引的137架滑翔机起飞了。

为了不让西西里守军的雷达过早发现，运输机编队低空飞行。由于云层过厚风力太大，飞行员十分紧张，运输机在靠近西西里岛时没有按计划升高，在离海岸还有 2700 米的海面上低空解缆。137 架滑翔机在风中摇摇晃晃，有 69 架滑翔机坠入海中，10 架滑翔机失踪，其他的滑翔机着陆，有的被撞毁，有的远离登陆地点。

只有 2 架滑翔机在彭德格朗大桥附近着陆，空降兵立即整理队伍，向大桥冲去，干掉了守桥意军，占领了大桥，并且就地构筑工事。10 日早晨，近 100 名空降兵赶到大桥支援。

7 月 9 日 20 时 45 分，美军空降兵第一分队 3,405 人，乘 226 架运输机出发了。

运输机在茫茫的夜空中向前飞行。为了防止发生碰撞事故，伞兵们穿上了海上救生衣。

机舱外什么都看不到，紧张的气氛充满了每个机舱。伞兵们等待着一场生与死的较量。

3 个小时的飞行中，因为天气不好，缺乏经验的领航员使运输机编队散乱，远离预定航线，运输机群竟向西西里岛东岸飞去了。

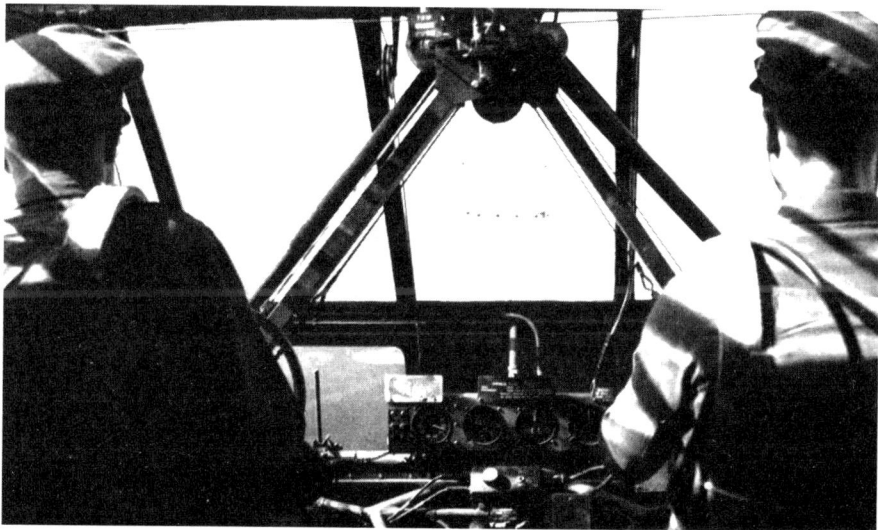

美军飞行员驾驶滑翔机飞行

飞近海岸时，伞兵们脱掉救生衣，背起降落伞。运输机群找不到空降场，又飞回海上重新寻找，反复多次，在高射炮火中盘旋 1 个多小时，8 架运输机被击落，13 架被击伤，3 架返回基地，剩下的飞机于 10 日零时 30 分，把伞兵分散空降在 20 个地点。

美空降兵偏离预定登陆地点最远者达 80 多公里，空降散布面积很大。

美军空降兵着陆后，许多人被大风刮到房子上和树上撞伤。降落到登陆地的人数不足 500 名，这些伞兵着陆后，占领丁尼塞米附近的一个十字路口。

盟军突击舰队到达预定登陆点，盟军在夜色的掩护下，第一批 8 个师在 160 公里长的海岸线上开始登陆。英军在锡腊库扎以南海岸登陆，美军在杰拉湾登陆。防守海岸的意大利部队忙着逃跑。

离海岸 32 公里的"赫尔曼·戈林"师，在第二天早晨赶到美军第 1 步兵师的登陆地点杰拉平原，准备歼灭美军。海滩十分拥挤，风浪太大，美军的坦克和大炮还没有运上岸。德军坦克歼灭了美军前哨，冲进沙丘地带。在这危急关头，盟军海军舰炮发射了猛烈的炮火，赶跑了德军坦克。另一支德军部队和一支"虎式"坦克连向美军第 45 师左翼发起的攻击也被粉碎。

在没有受到反攻的情况下，英军的登陆十分顺利。11 日晚，盟军已经拥有纵深 5 至 15 公里的两个阵地，并不断向内地推进。这时，阻止西西里岛的 27 万德意部队逃往意大利，成为盟军重要的任务之一。西西里岛东北角的墨西拿，距离意大利本土只有 5 公里，是德意部队唯一退路。

为了占领墨西拿，盟军必须赶在德意部队以前到达墨西拿。英国第 8 集团军向北进攻，12 日攻占锡腊库扎港和奥古斯塔港。蒙哥马利下令从伦蒂尼地区向卡塔尼亚平原进攻，并决定在 7 月 13 日晚发动进攻。

蒙哥马利急于攻占的目标是锡美托河上的普利马索莱桥。为此，蒙哥马利派出了 1 个伞兵旅，与德军空投到后方的 1 支伞兵部队展开了激战。

由于第一次空降没有完成攻占杰拉东北高地和彭地奥里弗机场的任务，巴顿下令，第二次空降于 11 日夜晚在法列罗机场附近实施。

美国伞兵第 504 团的 140 架运输机奉命起飞，保持了编队队形。前面的两个小队，于 11 日 22 时 40 分，在法列罗机场上空降成功。后续编队在西西里岛沿岸时，遭到盟军海军舰队和盟军高射炮部队的射击，击落和击伤 60 架运输机。

巴顿跑到甲板上，看见高射炮正在射击美军运输机，但已经晚了，巴顿悲愤交加。美运输机队形被打乱，8 架运输机掉头返航，其他的运输机把伞兵空降在法列罗机场以东地区。12 日晨，第 504 团的部分空降兵和第 505 团的空降兵会师后，追上登陆部队一同进攻。

美军和英军这次在西西里岛的空降行动，出现了许多漏洞，但盟军空降部队在西西里岛上进行的空降作战在意大利部队中引起了普遍的恐慌，在瓦解意大利军队的抵抗方面，起到了重要的作用。

13 日晚 7 时 20 分至 22 时，英军伞兵 2077 人和 10 门加农炮、18 辆汽车，分乘 135 架运输机和牵引的 19 架滑翔机出征了。

这次空降，暴露了英军在空降作战方面指挥乏力，装备较差，飞行人员素质较低等弱点。

在越海飞行时，有 2 架运输机出现故障后返航。机群通过马耳他岛上空后，又有 25 架迷路后返回基地。剩下的运输机在飞过盟军舰队上空时，误被盟军舰队高射炮疯狂射击。运输机到达西西里岛上空时，德军高射炮也疯狂射击。英军运输机先后被击落 14 架。滑翔机被击落 4 架，着陆时撞毁 3 架，4 架被德军地面部队击毁，1 架在海上解缆后坠入大海，只剩 4 架滑翔机落在指定降落点。

空降险象环生，但空降兵们的素质很强。空降兵们向分散的同伴发出讯号。14 日凌晨 1 时，有 100 多人会合了。这支空降兵部队向卜利马索尔大桥冲去，半路上与 50 名空降兵部队会合，于 4 时进攻大桥。

　　盟军在西西里岛的空降作战，是第二次世界大战开战以来盟军发动的规模最大的空降作战。盟军在西西里岛一共出动了9816名空降兵；出动642架运输机，出动156架滑翔机。人员伤亡高达1,500多人，占空降人数的15%以上。

　　这时，古佐尼确定了英军的主攻方向，立即下令德军向卜利马索尔大桥增援，尽量阻止英军向卡塔尼亚前进。

　　14日拂晓前，古佐尼在卜利马索尔大桥空降了1个营，着陆后，在大桥附近攻击英军空降兵，英军击退了德军，控制了大桥。不久，英军把3门火炮配置在大桥。当天，德军空降兵在地面部队的援助下，向大桥发动反攻。英军被迫撤离了大桥。16日，英国第8集团军的部队赶到，夺回了大桥，保障主力部队通过大桥。

盟军挨了当头一棒

德军严阵以待，而盟军错失了良机。蒙哥马利的计划刚一出台就遭到了迎头一击。

盟军登陆的战斗打响时，古佐尼突然惊醒了。他立即稳定了情绪。古佐尼沉思片刻，在现在战局还不明朗的情况下，不妨首先动用空军对盟军的登陆部队发动空袭，打乱盟军的登陆计划，迟滞盟军的进攻速度，这种空袭可以多次运用，连续进行。

古佐尼知道岛上的空军共有 350 架飞机，有作战能力的还剩 209 架，分别部署在 12 个机场上，这是一股不可小视的力量，再加意大利本土飞机也会前来参战。古佐尼命令德意空军部队立即出击。

虽然盟军夺取了制空权，但并不意味着就给盟军撑起了保护伞，制空权是相对的，这给德意飞行员增强了信心。

7 月 10 日凌晨，天刚亮，德意空军就开始进攻了。意机 5 次空袭在防御薄弱的海岸附近停泊的"莫拉"登陆突击队的舰船编队，炸沉了"哨兵"号猎潜舰。4 时 30 分，来自意大利的 13 架高空水平轰炸机和来自撒丁岛的一支鱼雷飞机中队，共同攻击了在伍德霍尔地区登陆的盟军，炸伤"蒂尔曼"号驱逐舰。

5 时左右，1 架德国轰炸机在西西里岛南侧炸沉一艘在该海域巡逻的"马多克斯"号驱逐舰，炸伤了"游行者"号潜艇。

为了增强突击力量，驻守在意大利本土的德、意飞机不断地来到西西里岛。德意飞机的作战半径都很小，都是首先飞到撒丁岛，在撒丁岛加油后，再去轰炸盟军的登陆舰艇。

上午 8 时 30 分，从盟军的巡洋舰上弹射起飞的 4 架海鸥式水上飞机，以两个双机编队的形式，在执行警戒任务。忽然，德军战斗机赶来，很快，3 架英机被击落。10 时左右，3 架德军战斗机对正在架设浮桥码头的盟军坦克登陆舰发动轰炸，没有命中。

德军轰炸机还向杰拉附近的盟军护航运输队和海滩上的登陆部队进行轰炸和扫射，炸伤一艘驱逐舰，迟缓了美军第 7 集团军的登陆时间。

黄昏，一架德国战斗机击毁一艘盟军的坦克登陆舰。傍晚，一架德军战斗机从太阳方向低空飞行，快速冲向一艘满载车辆、火炮、弹药和地雷的坦克登陆舰。一颗航空炸弹落在甲板上爆炸，引起了更大的爆炸，炸毁了火炮和车辆。

德意空军发动了更加猛烈的攻击，他们的攻击行动一轮紧跟一轮。

7 月 11 日 6 时 35 分，12 架意军轰炸机从撒丁岛起飞空袭盟军海上运输队。炸伤一艘运输舰，并使运输舰起火。中午，炸沉一艘盟军的军火船。15 时 40 分，20 多架德军轰炸机猛烈轰炸盟军运输舰，击沉一艘运输舰。傍晚，德机炸伤一艘在阿沃拉附近海域刚完成任务的运输舰。

德军伞兵从滑翔机内冲了出来

盟军空军认为，既然已经掌握了制空权，就不用保护登陆部队和海上舰队了。在这种战术思想的支配下，空军主要对登陆部队进行远距离的空中支援。这种做法导致盟军的登陆部队和海上舰队失去了空中支援。

在登陆舰队需要空军支援的时候，由于准备不足和引导有误，盟军的战斗机没有到达指定地域或者海域。

一次，一支有32架德机的机群飞抵盟军的登陆运输舰群上空，大肆空袭。盟军空军出动战斗机在登陆运输舰群上空警戒，但战斗机一般只有4至8架，无法完成警戒任务。

盟军空军的错误战术，给德意空军带来了战机。盟军舰船受到德意飞机的狂轰滥炸，损失很大。

7月12日，盟军空军加强了对南部和东部登陆部队的空中支援。12日9时30分，南部盟军战斗机和高炮部队打退了敌机的空袭。

由于空中袭击的难度愈来愈大，德意空军只能集中兵力，发动重点进攻，才能收到理想的效果。因此，德意空军放弃攻击南部美军的登陆部队，集中攻击东部英军的登陆部队。

7月13日以后，德意轰炸机多次从意大利南部各机场起飞，对英军登陆部队还没有卸完的舰船发动空袭。炸沉了一艘驱逐舰和3艘运输船。

在西西里战役的大规模战斗中，德意空军的战绩不俗，但无法挽救德意军队在陆地战场上节节败退的局面。

西西里岛的形势逐渐恶化，希特勒进行遥控，德军的抵抗立即加强了。希特勒是通过凯塞林来遥控指挥的。

开始时，希特勒想把盟军赶走，可是由于战局的不利，希特勒决心把作战重点向东转移，以墨西拿为中心，重点设防，在西西里岛西北部建立一个阵地，以便在形势无法逆转时，能够保证德军和意军安全地向意大利撤退。

由于盟军的指挥失误，西西里战役变得越来越困难了。

蒙哥马利攻占卡塔尼亚的目的无法实现。为了实现英军在西西里岛战役中唱主角的愿望，蒙哥马利决定把进攻的重点向左移。这样做等于把美军用作一种侧翼护卫部队。蒙哥马利不顾巴顿的利益了。

7月12日，蒙哥马利给亚历山大发报说："我建议让我军向北移动，以便把西西里岛拦腰截断。"亚历山大同意了。

当亚历山大为把巴顿的美军排斥在主攻行动之外而生气时，蒙哥马利又来"争功"了，蒙哥马利认为，在断裂多山、地形状况不利的情况下，应该让英军优先使用可供使用的道路。可供盟军使用的公路只有两条，一条114号公路，另一条是124号公路。根据作战计划，114号公路归英军，124号公路归美军。蒙哥马利准备抢用124号公路。蒙哥马利想通过124号公路迂回攻打驻守在卡塔尼亚平原上的德军。

为了抢占这条公路，13日上午，蒙哥马利在没有经过亚历山大许可的情况下，命令英军顺着124号公路挺进。正在这时，美军第2军军长布莱德雷将军刚要使用124号公路。当天傍晚，美军发现了英军第51山地师。

这时，蒙哥马利把这一情况上报了亚历山大。当天午夜，亚历山大下达命令，要求美第2军把124号公路移交给蒙哥马利。能够想像，巴顿在接到这个命令时是多么的愤怒。

特别是布莱德雷将军，这时他的部队离124号公路不足1公里了。在制定西西里战役时，美军被当成新手，不能在战役中委以主攻任务。这时，亚历山大又把美军派去保护英军的后方，让英军优先使用公路。

英军在通过124号公路时，趾高气扬，没想到，重新修改的作战计划仍没有给蒙哥马利带来好运。

根据亚历山大的命令，美军被迫撤回滩头阵地，这种浪费时间的作战计划，使德意军队有了足够的时间来组织防御力量。当天，希特勒下令增援西西里岛，阻挡盟军的攻势，坚守圣斯特凡诺—恩纳—卡塔尼亚防线。

蒙哥马利为了把主力部队转移到美军的前面，至少浪费了两天时间。德军利用盟军的混乱，完善了防线的部署。一道阻击蒙哥马利的防线建成了。

德军严阵以待，而盟军错失了良机。蒙哥马利的计划刚一出台就遭到了迎头一击。

德军南线总司令凯塞林空军元帅伤心地看到，意大利人完全丧失了斗志，在敌众我寡的情况下，守住西西里岛是不可能的。希特勒知道后，亲自接管了西西里岛的指挥权，并下令："在大批意军被消灭后，只靠我军把敌军赶下海，是不可能的。因此，我们应该迟滞敌军的进展。"

为了迟滞盟军，希特勒向西西里增援了一些部队和坦克、重炮、飞机，把西西里岛的主力部队调到东岸中部的卡塔尼亚城周围抵抗英军的进

蒙哥马利视察盟军阵地

233

攻，同时德军后备部队布署在直通墨西拿的东海岸路线上，积极支援作战，以坚守西西里岛通向墨西拿海峡的道路。

7月16日，亚历山大给巴顿下令，墨西拿是蒙哥马利的目标，巴顿的任务是保护蒙哥马利的侧翼和后方，使蒙哥马利在任何情况下都不出现危险。巴顿气得暴跳如雷，但他不得不考虑下一步究竟该怎么办。

布莱德雷生气地说："这证实了我在战役前的疑虑，只有英军才被允许进攻墨西拿。"

按照亚历山大的命令，美军只能攻打岛上力量较弱的敌军。美军只能占领一些小山，俘虏一些当地农民和无精打采的意大利军队士兵。亚历山大的命令极大地伤害了美军官兵的自尊心。

在亚历山大的支持下，蒙哥马利从巴顿手中抢走了宝贵的公路，以便趾高气扬地进攻墨西拿，还不准许美国向巴勒莫推进。

后来，巴顿与蒙哥马利一起谈论这件事，巴顿抱怨他受到了不公正的待遇。蒙哥马利笑着说："乔治，我给你出一个主意。如果亚历山大将军给你下达了你不喜欢的命令，那么你别理它。"蒙哥马利竟会说出这样的话，巴顿感到惊讶。

亚历山大和蒙哥马利的做法，引起了美国军界的反感。美国军界认为，英军将获得一等奖——墨西拿，而美国人连二等奖（巴勒莫）也不准夺取。

7月17日，希特勒下达了命令："我们不指望能守住西西里岛。重要的是拖延敌军，以为稳定欧洲大陆的局势争取时间。最重要的是不能让一个德国师遭受损失。"不久，德军又得到第29装甲榴弹师和休伯将军的第14装甲军司令部的支援，德军的任务不是保卫西西里岛，而是发动阻击战，保障主力部队撤退。

希特勒出动德军精锐部队在埃特纳地区阻击英军，德军其他部队向北面和东面撤退，退守墨西拿海峡。

德军在卡塔尼亚南部平原顽强阻击，英军的攻势严重受阻。英军主力被迫向西转移，兵分两路发动攻击：英第13军攻打卡塔尼亚，第30军从西侧绕过埃特纳火山发动进攻。亚历山大命令美军第7集团军掩护英军的翼侧，可是，英军主力的向西转移，再次挡住了美军的前进步伐。

由于英军行动迟缓，德军占据了有利地势，凭险固守。蒙哥马利发现，英军第13军沿11号公路向北推进，尽管通过了卡利马索尔大桥，但在卡塔尼亚以南遭到德军的疯狂阻击，英第30军沿124号公路迂回进攻，但由于德军凭险固守，在阿诺拉地区无法前进。

为了取得胜利，7月21日，英第13军在卡塔尼亚转入防御，第30军在发动进攻，争取摧毁德军防线，摆脱不利的局面。英第30军的进攻遭到惨败，伤亡很大。蒙哥马利下令把第78师从北非调到西西里岛，以增援第30军继续作战，但第78师最早也要到月底才能赶到。

英军停止了进攻，德军趁机加固防御工事，调兵加强了防线，使防线更加坚固。蒙哥马利攻不下防线了。

英军伤亡惨重时，巴顿笑着给海军的埃弗雷特·休斯将军写了一张便函："咱们的表兄弟们被打得屁滚尿流。"

巴顿请战

这样一来，战局对蒙哥马利出现了讽刺性变化，西路巴顿的作用从助攻变成了主攻。

就在蒙哥马利在德军的防线面前无计可施的时候，巴顿认为如果让美军去攻打巴勒莫，美军一定能攻下，一旦成功，整个战局会有利于盟军。巴顿决定亲自去向亚历山大请战，进攻巴勒莫。

面对盟军强人的攻势和意大利部队的纷纷投降，希特勒不断地大喊："必须在意大利成立军事法庭来清除胆小鬼！"局势严重，希特勒把墨索里尼请来讨论成立军事法庭的问题。7月19日，希特勒和墨索里尼在意大利北部的菲尔特雷附近的农舍里会晤。墨索里尼在大批意大利军官面前被希特勒训了一顿。

这次会晤像往常一样，都是希特勒一个人在发表意见，墨索里尼默默地坐在一旁。希特勒发现墨索里尼已经不中用了。在此次会晤以前，希特勒曾经派人去物色取代墨索里尼的人。由于找不到理想的代理人，希特勒只好继续为墨索里尼鼓气。

希特勒说，德国人和意大利人必须在各个战场上坚持战斗。他们的任务不能留给"下一代"。如果意大利军队英勇抵抗，西西里岛和意大利是能守住的。德国军队会来增援意大利军队。到1945年5月，德国就会有大批先进的潜水艇参战，到时候德国潜艇部队就能够困死英国。

墨索里尼劳累过度，对希特勒的长篇大论听不进去，只好要求翻译记录下来。

正在他们进行紧张会晤时，盟军空袭罗马的消息传来。墨索里尼总是把最高司令部设在罗马的梵蒂冈，躲在天主教的大伞下，避免遭受盟军飞机的轰炸。但现在梵蒂冈也不能保护墨索里尼了。不久，墨索里尼失魂落魄地回到了罗马。

7月19日，一支美国轰炸机编队空袭了罗马火车站的停车场和罗马飞机场。轰炸造成了巨大的破坏，意大利人吓破了胆。德、意军队的节节败退使意大利人四分五裂。大多数意大利人主张向盟军俯首投降，但墨索里尼表示绝不投降，坚持要把战争打下去。

面对失败，意大利国王、议会、总参谋部、法西斯党都怪罪于墨索里尼，包括墨索里尼的女婿齐亚诺在内的许多资产阶级人士，想秘密整垮墨索里尼，恢复意大利的秩序。墨索里尼的统治基础摇摇欲坠了。

在此之前，巴顿乘飞机来到北非，决心说服亚历山大。巴顿看到亚历山大后说："将军，由于战局的变化，我请求你把命令改为：第7集团军立即向西北和北面挺进，进攻巴勒莫，并将德军一分为二。"由于蒙哥马利的攻势受阻，亚历山大迫于无奈，只好批准了巴顿的请求。

巴顿马上飞回战场，重新进行了军事部署。接着，巴顿下令：第3步兵师、第82空降师和第2装甲师改组成一个军，由凯斯指挥，攻取巴勒莫，第45步兵师向北发动进攻，负责占领海岸公路，与蒙哥马利的英军保持同步。巴顿下令在5天内攻下巴勒莫。

7月19日，巴顿正式下达总攻命令。美军快速向前挺进。21日，美军攻占卡斯特尔维特拉诺。22日，美军赶到巴勒莫城下。巴勒莫守军不敢相信，在这么热的夏天，道路很难走，而且有沿途守军的抵抗，美军竟在4天时间内前进了320公里。美军以迅雷不及掩耳之势进攻巴勒莫，守军来不及组织抵抗，纷纷投降。

同一天，英军左翼发动的进攻遭到惨败。正是由于英军把德意军队的主力吸引到东部，给美军在西部地区的作战创造了有利条件。但是这个效果可不是出自英军的本意。

7月22日，美军占领巴勒莫港，意军吓破了胆，约4.5万名意军举起了双手。美军的胜利严重地挫伤了德意军队的士气，德意军队仅剩墨西拿港了。

当天，巴顿随第2装甲师趾高气扬地进入巴勒莫，在豪华的王宫里建立司令部。

23日，美军第45步兵师攻入泰索米尼至梅雷塞以东海岸地带，把西西里岛拦腰切断。这给美军带来了很高的荣誉。美军第45步兵师只伤亡300多人，却俘虏5.3万名意军，击落190架敌机，缴获67门火炮，缴获了来不及逃走的大部分船只。

7月25日，亚历山大命令巴顿自西向东进攻。巴顿欣喜若狂，他呼吁美军抢在英军之前拿下墨西拿。巴顿把这个重任交给第2军军长布莱德雷将军。

这样一来，战局对蒙哥马利出现了讽刺性变化，西路巴顿的作用从助攻变成了主攻。

7月27日，凯塞林命令赫布尽快撤离西西里岛。

7月27日，向东推进的美军攻占了圣斯特凡诺和尼科西亚。

同时，英军在东、西两侧的攻势减弱，英军很多人染上了疟疾，战斗力下降。美军主力占领巴勒莫后于7月31日赶到圣斯特凡诺，与英军会合。主攻任务由巴顿的美军担负。为了切断德意军队的退路，亚历山大决定在8月1日发动攻势，并从北非调来美军第9师和英军第78师。

8月初，各路盟军发动进攻，巴顿的美军在左翼，英军第30军在中央，英军第13军在右翼。盟军争着进攻西西里岛的东北角——墨西拿。

西西里岛东北部主要是山区，悬崖峭壁很多，稍平一些的地方是崎岖的山路。德意军队撤退时炸断了桥梁和道路，埋设了几万枚地雷。

德意军队每后退一步，兵力就集中一些，德意军队节节阻击的过程

英国第 8 集团军司令蒙哥马利（中）与美国第 7 集团军司令长巴顿（右）在研究作战计划

中，在一些险要地段部署少量兵力就能够抵抗好长时间。由于战场日益缩小，盟军无法展开兵力，结果，盟军每前进一步，都会付出惨重的代价。

8 月 5 日，英军攻势迅猛：第 13 军占领卡塔尼亚，英军先头部队到达埃特纳火山与海岸之间的狭长地带，英第 30 军到达火山西北侧的丘陵地带。可是，英军第 30 军的后勤部队跟不上去了，第 13 军的很多官兵得了疟疾，部队减员严重。蒙哥马利呼吁全体将士坚持到最后，一定要抢在美军前面攻下墨西拿。

在美军方面，巴顿命令第 2 军不停地进攻，可是，西西里北部沿岸地区悬崖林立，地形十分复杂。德军凭借丰富的山地作战经验和有利的地势，向美军多次发动了反击。德军在特罗英纳向美军发动了 24 次反击，给美军造成了巨大的压力。

美军进展缓慢，部队伤亡很大。就在巴顿心里很烦躁时，美军航空兵前来支援作战，却多次误击美军地面部队。有一次，巴顿等人差一点被美机炸死。巴顿指责到："我倒要问一问你们这些空军老爷，你们到底要打德国人还是打自己人。"

一天，巴顿忽然发现，很多没有受伤的官兵被大批地运到后方医院，并且越来越多。巴顿感到很不安，他发现这种情况在美军第1步兵师中更加严重。8月10日，巴顿在视察了第93后方医院时，发现保尔·贝尔特因患有"炮弹休克症"而躺在医院。

巴顿认为贝尔特故意装病，上前打了贝尔特的耳光，骂道："狗娘养的，别他娘的哭了。快回前线去，你要敢不回去，我就叫行刑队毙了你，你这个该死的胆小鬼。"巴顿一边说一边去摸手枪。后来，巴顿对医生大喊："快把这个狗杂种赶出去！"

8月7日至8月16日，仅12日盟军就发动了4次进攻，企图加速进攻，堵住撤退的德意军队。由于德军顽强阻击，盟军没有取得预期效果。8月17日，德意部队的主力10万人越过墨西拿海峡回到意大利。其中，德军3个师近4万人，意军6万人。

8月17日晨，美军第3师抢先攻入墨西拿。英国一部也进入墨西拿。当天，盟军歼灭了岛上的残余德意部队。西西里战役，德军损失1.2万人，14万多名意军缴械投降。盟军损失2.2万多人。

盟国实现了西西里战役的大部分目标，没有取得全部胜利，但使盟国在地中海的交通线得到了保障。西西里战役的胜利，提高了同盟国在中立国中的威信。由于亚历山大指挥不利，再加上没有充分利用制空权和制海权，致使近4万精锐德军逃脱。

征服西西里岛以后，巴顿的"打耳光"事件传遍了美国第7集团军，引起了美军官兵的普遍不满。

盟军受伤士兵被送往后方

在艾森豪威尔的袒护下，巴顿向在场的所有护士、医生道歉，向在场的每一位找得到的伤病员道歉，最后向第 7 集团军，一个部队一个部队地道歉。

然而，美国记者们纷纷像苍蝇一样围着巴顿采访，几乎葬送了他的前程。

11 月 24 日，艾森豪威尔向华盛顿就"打耳光"事件为巴顿求情。12 月 3 日，陆军参谋长马歇尔求助于史汀生部长。史汀生向罗斯福总统指出："保留巴顿的指挥职务符合美国的最高利益。"

罗斯福无奈地说："这件缺德事公开了，我可就要挨骂了。"

只好由史汀生出面为巴顿辩护，结果遭到了美国人民的责骂。

随后的日子中，意大利战役打得火热，横渡英吉利海峡的"霸王"计划正在紧张地筹备之中，但巴顿好像变成了局外人，住在寂寞的巴勒莫王宫里，百无聊赖，身边是一群无所事事的参谋们。

就在巴顿因"打耳光"事件而离开战场的短暂时期，世界反法西斯战争经历了重大的变故。在苏德战场、地中海战场和太平洋战场上，反法西斯同盟国都取得了重大胜利，战争的主动权完全掌握在同盟国手里。

这时，德国和日本仍拒不投降。苏联迫切希望美英早日在西欧开辟第二战场，迫使德军在东西两面作战，加速其灭亡。美英两国领导人也意识到：重返欧陆的时机已经成熟了。

第九章

登陆诺曼底

艾森豪威尔排兵布阵

登陆诺曼底的进攻准备工作在英国加快进行着，整个英国的
南部变成了大兵营。

苏联和美国、英国于 1942 年 6 月发表联合公报，达成在欧洲开辟第
二战场的谅解和共识。

1942 年 7 月，英国和美国在伦敦会议上决定，于 1942 年秋在北非登
陆，把开辟欧洲第二战场的时间推迟到 1943 年上半年。

此时，苏德战场形势非常严峻，苏联强烈要求英美在欧洲发动登陆作
战，以牵制德军，减轻苏军压力。

在苏联的强烈要求下，英国仓促派出 6018 人的突击部队在法国迪耶
厄普登陆，结果遭到了惨败，伤亡达 5810 人，伤亡率为 96.5%。

1943 年，斯大林格勒会战和库尔斯克会战以后，苏军在苏德战场开
始转入反攻。

1943 年 8 月 4 日晚，丘吉尔及其随行的 200 多名各级官员前往加拿
大魁北克，参加代号为"四分仪"的盟国最高级会议。这次会议的重点是
审查和讨论"霸王"作战计划的问题。

丘吉尔在第二战场的开辟问题上，他曾经把登陆诺曼底的时间从 1942
年拖延到 1943 年，这次又拖延到 1944 年。丘吉尔不想直接反对罗斯福关
于登陆诺曼底的建议，他又玩起外交手腕，含糊同意，拖延时间。

事实上，丘吉尔并不想放弃"霸王"计划。他从 1940 年起，就不断
地派英军小股部队偷渡到欧洲大陆进行骚扰破坏，打不过就跑。

为了检验英国人所发明的各种新式登陆器材，丘吉尔还出动盟军约一

个师的兵力，于 8 月 19 日清晨，在法国塞纳河口东北约 80 公里的迪耶普海岸登陆，丘吉尔不敢贸然把预备队全部投入战斗。

在强大的空军和海军的火力援助下，几千人在迪耶普附近 4 个地点登陆。

德军的防御很顽强，登陆战打得很激烈。盟军大部分被德军消灭，少部分逃到船上，还有几艘军舰被击沉，损失了 83 架飞机。

德军的抵抗给丘吉尔留下很深的印象，丘吉尔认为，一旦在敌人的重压下，盟军登陆部队从滩头溃退，那样士兵就会葬身英吉利海峡。

为了挽救日益衰弱的大英帝国，丘吉尔必须把英国有限的人力和物力资源保存下去，不敢贸然投入到没有绝对把握的横渡海峡的计划中。

丘吉尔采取的是"紧缩包围圈"的战略，发动"以弱胜强"战术，他指示海空军不断削弱德国的力量，陆军则利用一切可能的机会打了就跑。

但罗斯福就不同了，美国的人力和物力丰富，美国人的军事传统从来就是以强胜弱。

罗斯福早就要求把战争打到德国和意大利去，不管遇到什么阻碍，都是不在乎的，因为美国的国力占世界的 1/3 以上。

美国的军事领导人一般都是军事战略家，实际的作战经验很少。美国陆军参谋长马歇尔只是当了几个月的代理团长。艾森豪威尔甚至就没在美军基层呆过。艾森豪威尔几乎都是坐在办公室搞参谋工作。但以马歇尔、艾森豪威尔为首的军事领导人善于学习，不受旧式战争框架的限制，能把美国的国力转化为战争实力。

陆海空三军分属不同兵种，各自为战。德国是这样，苏联也是这样，英国有所进步，但也无法摆脱历史的重负。

美国是一个年轻的国家，提出一种新的战略思想和作战方式：陆空一体战，海陆空一体战。

英、美的军事参谋们在会议期间还讨论了人工码头的设计和制造问题，很多异想天开的杰作，被送来进行鉴定。双方展开了激烈的争论，许多工作人员在会议厅外面等候。

有一项"哈巴卡克"的设计，就是用水填加上木浆，可以结成坚硬的冰，而且木浆的纤维可以有效地隔热。它可以当成飞机跑道、人工码头。为了防止混合物融化，它还设有一座小散热厂。

一块预备好的混合冰块从冷藏车中搬到会议地点，要当众试验，与另一块同体积的普通冰块比一比。英国蒙巴顿将军拿出一把砍刀邀请试冰，人们推举美国的阿诺德将军。阿诺德用力砍了下去，普通冰块裂成两半。阿诺德又砍向混合冰块，他痛苦地大叫一声，刀也震落出去，混合冰块却丝毫未损。

蒙巴顿让众人后退，掏出手枪，"砰"的一声，普通冰块变成了碎块。

蒙巴顿又朝混合冰块射击，竟把子弹弹回来，从空军元帅波特尔的双腿间飞过。

美英盟军在西西里岛登陆战役以后攻入意大利半岛，意大利在 1943 年 9 月投降并在 10 月对德宣战，盟军在太平洋战场上也转入攻势。

整个战争形势对同盟国发生了有利的根本性转变。

11—12 月，罗斯福、丘吉尔和斯大林在德里兰会议上商定，美英盟军在 1944 年 5 月于法国北部地区登陆，其行动代号为"霸王"。

与此同时，在法国南部进行牵制性登陆。之后，美、英任命陆军上将艾森豪威尔为盟国欧洲远征军最高司令。

1944 年 1 月，艾森豪威尔到伦敦赴任并组建司令部：英空军上将泰德被任命为副总司令，美陆军中将史密斯被任命为参谋长，英海军上将拉姆齐被任命为海军司令，英空军上将马洛里被任命为空军司令，英陆军上将蒙哥马利被任命为英地面部队司令，美陆军中将布莱德雷被任命为美地面部队司令。

艾森豪威尔与盟军士兵

在艾森豪威尔的指挥部到达法国前,登陆部队前线指挥由蒙哥马利担任。

艾森豪威尔到任后将登陆正面由 40 公里增到了 80 公里,战役第一梯队的兵力由原定的 3 个师增至 5 个师。

为了解部队的准备情况,在盟军登陆前的短短 4 个月里,艾森豪威尔视察了 26 个师,24 个机场,5 艘战舰,他到过的仓库、工厂、医院和其他设施,已经无法统计了。

为了提高组织效率,艾森豪威尔把指挥部从伦敦搬到泰晤士河上的金斯吞附近的布舍公园。

到 1944 年 2 月,美国在英国建立了 12 个两栖训练基地,6 个仓库和修理基地，2 个辅助基地。威尔克斯负责所有登陆舰艇的战备和训练，并负责召集部队参加多次演习。

登陆诺曼底的进攻准备工作在英国加快进行着，整个英国的南部变成了大兵营。

到处都是美国部队的营房和临时搭起的活动房屋，美军的各种车辆、装甲车和坦克等把公路挤得水泄不通。

实行"狼群"战术的德国潜艇更加疯狂地在大西洋海域活动，但是盟国的海军一次又一次地挫败了德国潜艇的进攻，英国的海上交通线恢复了。

英国所有的民用舰只都被动员起来，源源不断地送到基地接受军事训练。

由于登陆舰艇数量不够和其他准备工作没有按时完成，登陆时间由原定的 5 月初改为 6 月初。

为了能够隐蔽战役企图，美、英对登陆地区的选择进行了周密的分析，分析结果显示加来地区距英海岸仅 20 海里，便于航渡和支援，但是这里德军防御很强。

诺曼底地区距英海岸 64.8 海里，缺少良港，科唐坦半岛东部又有河网沼泽地和遍布灌木树篱的田地，对部队行动不利。

但是，这里距英国的上船港口和战斗机基地较近，而且德军在这里的防御薄弱，海滩和内陆条件较好。

因此，选定奥恩河口至科唐坦半岛南端为登陆地区，由西向东共分为 5 个登陆地段，代号依次为"犹他"（美军）、"奥马哈"（美军）、"哥尔德"（英军）、"朱诺"（加军）和"斯沃德"（英军）。

盟军登陆部队的基本编成是：

陆军：

第 21 集团军群。下辖：美军第 1 集团军，英军第 2 集团军，加拿大军第1集团军。

第一梯队：

5个师。其中：美军2个师，行动代号："犹他""奥马哈"；英军2个师，行动代号："哥尔德""斯沃德"；加军1个师，行动代号："朱诺"。

海军：

战列舰6艘，重炮舰2艘，巡洋舰22艘，驱逐舰93艘，小型战斗舰159艘，扫雷艇255艘，各型登陆艇1,000多艘。

战斗编成：

西部特混舰队主要任务是，输送美军第1集团军的2个师上陆。

下辖："U"登陆编队，"O"登陆编队，"B"编队，为舰炮火力队。

东部特混舰队主要任务是，输送英军第2集团军的2个师和加拿大第1集团军的1个师上陆。

下辖："G"登陆编队，"J"登陆编队，"S"登陆编队。"L"编队，为舰炮火力队。

空军：

共有作战飞机1,100架，运输飞机2,300架，滑翔机2,600架。

任务是：

美军战术空军第9航空队负责掩护西部特混舰队渡海时的空中安全。

英军战术空军第2航空队负责掩护东部特混舰队渡海时的空中安全。

登陆前，西线盟军和德军陆军师的数量之比为16：1，陆军人数之比为3：1。

可见，盟军占有强大的优势。

为了夺取"霸王"行动的最终胜利，美军还调集了41个师，作为预备队，随时准备出发。

另外，在登陆前，计划在美、英登陆地段分别空降两个师和一个师。

为了实施登陆战役和发展陆上进攻，盟军要在英国集中将近300万人

的部队、5,000 余艘舰船、登陆运输舰艇 4,000 余艘、作战舰艇 1,000 余艘和 1 万余架飞机，以保证登陆后增加兵力的速度可以超过德军调动预备队的速度。

盟国欧洲远征军最高司令艾森豪威尔幽默地说道：强大的军队就像卷起的弹簧一样，绷得紧紧的，等待着释放它的能量和飞越英吉利海峡的时刻。

战役前的准备工作周密而充分。盟军用飞机和舰艇长时间进行侦察，不但查明了登陆地区内德军的防御情况，还掌握了较完整的情报。

在登陆前的几个月，战略空军和战术空军对法国北部和比利时的铁路枢纽、桥梁、公路及其他一些重要目标持续进行大规模的轰炸，塞纳河上的 24 座桥梁有 18 座被炸毁，这令德军运输系统处于瘫痪状态，部队机动受到极大限制。

登陆前 3 周，对诺曼底周围机场进行了轰炸，使其 85% 遭到了破坏。登陆前 1 周，英空军袭击德远程雷达站，令其大部受损。

盟军还采取了一系列战役伪装措施：在英格兰东部虚设了 1 个由巴顿将军任司令的"美第 1 集团军群"，原驻军调走以后，营地仍伪装得和往常一样；在德机侦察到的地方设置了许多假登陆舰艇、坦克和滑翔机；飞机对加来地区的投弹量要比诺曼底地区多 1 倍；登陆前夜，小型舰只和飞机佯动，利用电子干扰器材模拟庞大登陆编队和机群。此外，还进行严格保密。

以上措施旨在使德军认为盟军将在加来登陆并将预备队大量部署在该地区，为登陆的成功创造了有利条件。

为保证大量后续部队登陆，盟军还在登陆海滩，设计、制造了空心钢筋混凝土沉箱构成的人工港，并制定了铺设海底输油管计划。

同时，在英国储备了大量的作战物资，部队不断进行实战训练和陆海空三军模拟登陆联合演习。

在实施登陆前，盟军对德军实施了一系列战略轰炸。在打击目标上，英国空军上将泰德主张重点轰炸运输线，而美国战略空军司令斯巴兹则主张轰炸综合石油工厂。艾森豪威尔决定采纳泰德的意见。

3月30日，泰德的建议开始实施，盟军轰炸机集中打击德军的铁路、公路、桥梁。到盟军登陆日，总共投下66 000吨炸弹，德军的铁路运输量下降了50%，巴黎和海岸间的24座桥梁中有18座被毁、3座停用。

此外，盟军飞机对德军海防工事、雷达站和飞机场发动了攻击。

盟军最高司令部为迷惑德军采取了一系列措施。这些措施令伦德施泰特和隆美尔对盟军将在加来海峡沿岸登陆坚信不疑，将B集团军群主力第15集团军部署在加来海峡沿岸，而驻守诺曼底及附近地区只有第7集团军的6个步兵师，兵力不足9万人，且装备的重武器极少。

艾森豪威尔要解决的难题之一就是登陆日——"D日"的选择，据潮汐和月光等情况，基本符合三军作战要求的日子只有6月上旬的5、6、7

美军登陆艇正在装载战备物资

三天，他原想选6月5日为"D日"。但是6月初风浪颇大，6月3日和4日两天的气象预测颇为不利，所以他决定攻击行动顺延到6月6日。

6月4日晚，气象主任斯泰格上校报告道："6月5日夜间开始，天气可能会短暂变好，至6月6日夜，天气又要变坏。鉴于天气情况有变，到底于6月6日行动，还是继续延期？"

艾森豪威尔向他的将军们征求意见。

参谋长史密斯认为："这是一场赌博，但这可能是一场最好的赌博。"

地面部队司令蒙哥马利则坚定地说："依我说，干！"

空军司令马洛里则认为气象条件无法达到其所能接受的最低限度，要求延后。

艾森豪威尔沉思片刻后，斩钉截铁地说："好，让我们干！"

"霸王"计划实施的地点是重要的机密。只有保住这个机密，才能把德军部署在丹麦、挪威、芬兰和法国、荷兰、比利时的90个师的兵力牵制在远离诺曼底的地区。

英国的多佛尔与隔海相望的法国加来城距离最近，到处都在传说多佛尔是盟军登陆欧洲大陆最重要的出发地。

美军巴顿将军多次在街头抛头露面，更使人们相信了以上传说，也被德国间谍看见了。

盟军的报纸和电台广泛地宣传：巴顿带着广播车，转遍美军在英国的军营，他不时出现在剧院，接受群众的欢呼。巴顿每次讲话中都表示："我在这里的事情是个秘密，请别提起我的名字。"

这次，英国情报局又伪造了并不存在的盟国军官，把他送到海里。

很快，尸体漂到西班牙海岸，被德国人发现了。

德国人发现一份伪造的计划，该计划表明盟军将在加来登陆。盟军在多佛尔成立了虚假的美国第1集团军群的司令部，号称有50个师100万人。巴顿出任美第1集团军群的司令官。驻扎军队的兵营，每天炊烟四起，许多车辆在无人的营地道路上来往奔驰。兵营是无人的帐篷伪装的。

一位英国男演员扮成蒙哥马利将军，在直布罗陀战区乘车四处兜风，使德国人以为蒙哥马利不在英国，以为盟军不会立即发动横渡海峡的登陆战。

盟军还组建了"第4集团军群"，号称35万人，实际上只有1个营级单位用无线电频繁地发报。

这一切使希特勒认为美"第1集团军群"一定会在加来登陆，把德军第15集团军的19个师的兵力部署在加来等待盟军的进攻。

爱尔兰是英国的邻国，在战时保持中立，德国和日本的大使馆设在都柏林。

德国和日本从爱尔兰向英国渗透间谍。英国反谍报局要求政府于1944年2月9日宣布停止英国与爱尔兰之间的一切民间旅行。

英、美政府于2月21日向爱尔兰发出照会，要求爱尔兰立即关闭德、日驻爱尔兰大使馆，没收其无线电设备，与德国和日本断交关系。

爱尔兰拒不服从，英国于是阻止爱尔兰的所有舰艇和飞机离开爱尔兰，切断英国与爱尔兰的一切联系。

横渡英吉利海峡

由于盟军准备充分，组织周密，航渡过程没有遭到任何损失。

为了对付盟军登陆，希特勒早在 1941 年 12 月就下令，以最快速度构筑"大西洋壁垒"，从挪威至西班牙的大西洋沿岸构筑了一道由坚固支撑点和野战工事构成的、设有地雷场和水中障碍的永久性抗登陆防线。

到了 1944 年，"大西洋壁垒"还远远没有完成，但仍是较难攻破的防线。

设防的重点在加来地区，诺曼底一带则防御较薄弱。德军最高统帅部预料美英军队将会在西欧登陆，但对登陆地点的估计却从没有取得一致看法。

希特勒认为加来地区登陆的可能性最大。海军将领根据美英军队在英吉利海峡布雷的情况，曾一度认为可能会在诺曼底登陆，但没有引起希特勒和陆军高级将领的重视。

在盟军登陆的前不久，希特勒曾估计到可能会在诺曼底登陆，并相应地对该地区的防御进行加强。

登陆开始以后，希特勒却认为诺曼底登陆仅是牵制性的，大规模登陆仍会在加来。

高级将领在作战指导思想上一直存有分歧。

隆美尔主张依托抗登陆防御阵地歼敌于水际滩头，伦德施泰特则主张以反突击歼敌于纵深地域，这给德军指挥部门带来了不利的影响。

此时，德军西线守军是伦德施泰特元帅指挥的"B""G"两个集团军

载满盟军士兵的登陆艇

群，共58个师（有33个机动能力很差的海防师）。

"B"集团军群由隆美尔元帅指挥，防守法国北部、比利时和荷兰沿海一带，主力配置在了加来地区，诺曼底地区仅有6个师（其中有3个海防师）。

德军当时已失去了海空优势，海军可用来抗登陆的兵力仅有中、小型水面舰艇500余艘和潜艇49艘。

防守法国的第三航空队名义上拥有500架飞机，实际上仅拥有90架轰炸机和70架战斗机。

希特勒起初较倾向于盟军在加来地区登陆，但他的观点却发生了改变。

他曾三番五次在大本营会议上宣称："毫无疑问，英美军队一定会在西线登陆。在我们漫长的战线上，除了靠近暗礁的部分地区外，其他任何地方都可以登陆。但有两个地点最具可能，因此所受的威胁最大。这就是诺曼底海岸和布列塔尼半岛，而战略目标是夺取瑟堡。"

根据情报，希特勒更加相信盟军的主要目标是诺曼底。

1944 年 5 月 1 日晚，隆美尔不在指挥部的时候，隆美尔的参谋长斯派达尔接到电话说："元首急切地想知道 84 军防守诺曼底的具体情况。"

在第二天的作战会议上，希特勒没等隆美尔回话就直接把 1 个伞兵军和空降部队调到了诺曼底和布列塔尼半岛。这是希特勒所采取的一项断然措施。

5 月 6 日，隆美尔疑惑地打电话到最高统帅部，询问为什么增援诺曼底。

总参谋长约德尔告诉他，元首得到了"确切情报"，瑟堡将成为第一个战略目标。

隆美尔听后暗吃一惊，马上前去巡视诺曼底。巡视过后，隆美尔仍对盟军进攻诺曼底表示怀疑，甚至觉得元首担心诺曼底的程度有点神经质。

6 月 1 日，盟军第一批登陆部队在英国南部的 15 个港口上船。

6 月 4 日 22 时，航程最远的在犹他海滩登陆的 U 编队启航了，其他编队也开始按计划陆续启航。

6 月 4 日，天气仍不见好转，预报说云层低，风大。预示着登陆是极其危险的。因为在这样的天气，空中支援是不可能的，海军的炮火也将失效，甚至连驾驶登陆艇也是危险的。

这一天对于挨雨淋的士兵来说，是难受的一天，而对英国的艾森豪威尔来说，则是最忧虑的一天。高级将领们为天气发愁，盟军真可谓刀出鞘，箭上弦了。

6 月 5 日，刮来飓风般的大风暴，随之而来的是铺天盖地的大暴雨。

登陆编队开始横渡英吉利海峡，所有舰艇先在怀特岛以南代号"Z区"的海域会合，然后分成 5 个编队沿着 5 条被清扫过水雷的安全航道向 5 个滩头分别驶去，过了海峡中心线以后，各编队由一条航道分别驶向供快速舰艇和慢速舰艇使用的航道，以保持编队航行队形。

在航渡途中，盟军出动了大批的反潜飞机和军舰实施反潜警戒，还派出了 95 架轰炸机和 375 架战斗机负责空中掩护。

由于盟军准备充分，组织周密，航渡过程没有遭到任何损失。

实际上，盟军之所以能安全顺利的航渡主要是恶劣天气帮了大忙，德军的气象人员没有像盟军气象小组那样预报出 6 月 6 日的短暂好天气，发布了连续数日暴风雨的天气预报，使德军统帅部判断盟军不会在这样的天气登陆，德军对诺曼底地区的戒备很差，甚至连例行的飞机舰艇的巡逻都被取消了，因此，德军丝毫没有察觉到盟军登陆编队的航渡。

1944 年 6 月 6 日凌晨，随着艾森豪威尔将军的一声令下，经过周密准备的近 300 万军队的大登陆，揭开了序幕。

6 月 5 日 22 时，盟军空降突击引导组开始行动了。美第 82 和第 101 空降师以及英第 6 空降师，派出 26 架运输机，每架运输机载一个 13 人组成的空降引导组，从 150 米的高度在各自的预定地区空降。

空降引导小组的工作非常出色，除了美空降兵第 82 师两个团的引导组被德军消灭，英空降兵第 6 师一个组没有在预定的空降地区设置引导信号标志外，其余各组都在预定时间、预定地点设置了引导信号。

这时，在德军阵地上，哨兵正在打瞌睡，部队处于松懈状态。

6 月 6 日 1 时，盟军空降部队有 6 名士兵降落在瑟堡半岛，这 6 名士兵是第一批登陆的盟军士兵。

为了迷惑德国士兵，盟军空降部队在这 6 名士兵的四周投下了数百个稻草人，和往日一样，摆出了假进攻的样子。

这 6 名士兵着陆以后，一边把录有轻武器开火和士兵喊口令的录音播放出来，给德军制造错觉；一边向空中发出了信号弹，引导着后继空降部队的着陆。

这天早晨，盟军 3 个空降师的第一梯队，约有 17 000 人，乘坐 1200 余架运输机，在距离空降地点 200 至 250 公里的英国境内的 3 个机场起飞，

飞往诺曼底。

从 1 时开始，盟军空降兵宛如神兵天降，拉开了诺曼底大登陆的序幕。

美空降兵第 82 师突击队由 378 架 C—47 运输机与 52 架滑翔机来运送，在圣曼·伊格里斯地区与特勒河两岸进行空降。

空降后，其先头伞兵团的大部分人员降落到了预定地点 3 英里以内。

空降部队很快向当地德军发起进攻。德军对于突然出现的盟军空降部队异常恐慌，甚至不知所措，根本不能向滩头盟军的登陆部队发起反攻。

美空降兵控制住了卡朗坦北面洪水区内的堤道，以便接应从海上登陆的进攻中队。

6 日终，第 82 空降师集合兵力约 2000 人，占领了圣曼·伊格里斯，如期完成任务。7 日 17 时，这支部队和登陆部队会合。

美空降兵第 101 师突击梯队由 432 架 C—47 运输机来运送，进行空降。

后续梯队第一批 150 人及反坦克炮与其他装备，乘载 52 架滑翔机一同着陆。第二批 157 人以及补给物品乘载 32 架滑翔机一同着陆。

这些部队在"犹他"海滩的后面降落，虽然着陆时没有遇到大的抵抗，但德军在着陆地区预设的"罗麦里木桩"损坏了一些滑翔机。

6 日终，第 101 空降师共集合了约 2500 人，攻占了第 1、2、3、4 号海滩的道路，并和美军登陆部队第 7 军的第一梯队顺利会合。

英国军队的第 6 空降师的先遣分队乘 6 架滑翔机在皮诺维尔地区克恩运河与奥恩河桥梁附近降落，他们占领了大桥，并构筑了桥头阵地。当德军在坦克的掩护下开始反击时，被英军迅速击败。

先遣分队着陆半小时以后，突击梯队的主力也开始进行空降。

后续梯队的滑翔机在航行途中遇到了大风与密云，有 20 架滑翔机拖绳折断，还有一部分未在预定的地区着陆。

第 6 空降师着陆以后，仅遇到了少数德军的抵抗，在空降着陆比较分散的情况下如期完成了预定任务。

当晚，第6机降旅的人员乘145架滑翔机降落。此时，第6空降师已拥有6个伞兵营、2个机降营、50门反坦克炮，一些轻型坦克、火炮顺利降落到了预定的地区。

在激烈的空降作战的同时，一场更加激烈的战斗在海际滩头展开了。

在登陆兵登陆前的1个半小时，即6日5时，英国皇家空军的1136架飞机对勒阿佛尔与瑟堡间的德军海岸炮阵地发动了空袭，投下5853吨的炸弹。

美军第8航空队的1083架轰炸机向德军海岸防御工事投下了重达1763吨的炸弹。

天亮以后，盟军的中型轰炸机与战斗机对德军阵地进行的轰炸越来越猛烈，德军阵地上的所有预定目标几乎都遭到了毁灭性的打击。

德军的炮兵被盟军压制住了，防御工事被摧毁了，通信设施也被破坏了，没有炸毁的雷达受到了强烈的干扰，无法发现目标。

6月5日，英吉利海峡风高浪急，德军将领们认为盟军根本无法在这时登陆，隆美尔元帅甚至请假回国给妻子过生日。

因此，对于盟军从天而降，突然出现在了诺曼底"大西洋壁垒"的后面，德军猝不及防，乱作了一团。

6时30分，第一波突击部队乘着4266艘舰艇，在海军炮火与10个战斗机中队的掩护下逐渐接近5个目标海滩，部队由水陆两栖坦克领先向滩头挺进。

空军的猛烈轰炸与海军舰艇的猛烈炮击，把德军设置的"死亡地带"撕开了一个大缺口。

天蒙蒙亮时，运载登陆部队的舰艇在20英尺高的波涛中驶向了诺曼底。

按照预定计划，6时30分到7时45分这段时间，各登陆部队要在盟

军选定的 5 个登陆地点突击登陆。

奥马哈登陆场：

登陆部队有美军第 5 军第 1 师以及配属的 1 个团。

战前，德军西线 B 集团军群司令隆美尔前往奥马哈察看防御设施时，命守备部队迅速加固这段的防御工事。

隆美尔把战斗力较强的第 352 摩步师调到了奥马哈，该师有 1 个团守卫在滩头，2 个团配置在海滩数英里外的贝叶。

因此，在西线战场上，奥马哈成了真正意义上的"大西洋壁垒"。

在登陆战斗的关键时刻，盟军的空中优势发挥了非常重要的作用。

由于盟军掌握了制空权，德军的飞机只好转移到了远离登陆场的地方，在盟军登陆期间，德国空军并没有对登陆的部队构成严重威胁。

与此同时，德国海军也没有发挥其应有的作用。而盟军的 12 艘驱逐舰却不顾水雷和各种障碍物的威胁，想方设法向岸边靠近，为登陆部队提供水上火力支援。

经过一场生死拼搏，盟军终于登上了诺曼底。

蒙哥马利认为，美军第 1 师在险恶的环境中之所以能登陆成功，主要有两个原因：一是部队的勇气，二是海军方面的大炮。

犹他登陆场：

登陆部队有美军第 1 集团军所属第 7 军步兵第 4 师。

德军负责防守这个海滩的是第 709 师的一个团，其主要由预备役和外国志愿者组成，战斗力相对比较弱。

由于盟军空降兵把第 709 师同其他部队的通信联络切断了，因此他们没有接到抗登陆警报。

虽然值班部队及时发现了盟军的登陆舰艇，但没有进行有效的防御。当美军第 4 师正式发起进攻时，德军很快就投降了。

美军第 4 师在没有太大阻碍的情况下顺利登陆。傍晚时，美军从这个登陆场上岸的部队达到 23 000 人，伤亡仅 197 人。

就在这一天，美军第 4 师向内地推进了 6 英里。

金滩登陆场：

登陆部队有英军第 2 集团军所属第 30 军步兵第 50 师和加强的 1 个装甲旅、1 个突击营。

英军登陆之时，能见度已越来越好，盟军的空军活跃了起来，德军守备部队在盟军空军的猛烈轰炸之下，斗志消沉，战斗力明显减弱。

英军第 50 师登陆时遇到了德军的顽强抵抗，但英军还是很快歼灭了敌军。

当天下午，英军的 4 个旅上岸。黄昏，这支部队向内地推进约 5 英里，但依然没有到达预定地点。

剑滩登陆场：

登陆部队有英军第 1 军步兵第 3 师。

这支部队在登陆之时遭到了德军的顽强阻击，黄昏，登陆部队才与空

登陆"奥马哈"海滩的美军先头部队

降着陆的第 6 伞兵师会合。

朱诺滩登陆场：

登陆部队有加拿大军步兵第 3 师和 1 个加强装甲旅等部队。

这支登陆部队开始时受到了德军的炮火抵抗，306 艘登陆艇中，有90 艘舰艇和 8 辆两栖坦克受损，当装甲部队为他们掩护时，德军的顽强抵抗被打退了，进入内地 4 英里。当晚，这支登陆部队到达冈城至贝叶的公路。

与此同时，英国广播公司正在广播，英国广播公司经常用一些秘密暗号与遍及法国及其殖民地的法国地下抵抗组织联系。

盟军总反攻攻势开始后，英国广播公司不再使用暗语了："现在向法兰西人民播音。这里是伦敦英国广播公司电台，法国公民们，现在请戴高乐将军讲话……"

戴高乐是法国的反法西斯将领，他一直在英国组织"自由法国"抵抗运动。

戴高乐说："法兰西人民，一场伟大而神圣的战争开始了！打倒德国鬼子，法兰西万岁！"

在戴高乐的号召下，巴黎人民举行了起义，其他各地的法国人民也行动起来，配合盟军登陆。

突破"大西洋壁垒"

德军如果及时抓住这一千载难逢的战机，进行有力的反击，战局很可能要改写。

盟军登陆诺曼底，首先在各个海滩与德军展开了激战。

"犹他"滩头是科唐坦半岛东岸的一段长达 15 公里的海滩，海滩上是一段坡度很小的黄沙坡，沙坡上有几道抗登陆障碍物。靠着沙丘对海的一面，德军构筑了一道低矮的混凝土工事。

5 日 4 时 05 分，美军到达"犹他"滩头，美军第 4 步兵师分为 26 个艇波，向海滩冲去。

从 5 时 30 分开始，舰炮开始发射密集的炮火，密集的炮火使美军无法看清海岸。

6 时 30 分，第一艇波的登陆部队偏离原定的登陆点 1 公里处上岸了，他们没有遇到所预见的拍岸浪，也没有遭到德军的攻击。这个滩头的后边是一片海水，德军以为盟军不可能从这里发起进攻，部署在这个滩头上的德军部队战斗力较差。这里的防御工事很少，埋设的地雷也很少。

随后，各艇波索性改在这个滩头登陆。傍晚，美第 4 步兵师到达卡朗坦与圣梅尔—埃克利斯间的主要公路一线，突破了德军的"大西洋壁垒"。

在盟军的登陆过程之中，奥马哈海滩的争夺最激烈，1994 年，纪念诺曼底登陆 50 周年的会址被设在了奥马哈海滩。

奥马哈在犹他海滩的东面，海岸为 30 多米高的悬崖陡坡，有 4 个被海水冲刷出的天然深谷，成为通向内陆的天然出口。海滩上的高低潮落差

有 270 米，海滩为硬质沙地，上面是高耸的鹅卵石堤岸，后面则是沙丘，草地，树林。

唯一通向内陆的道路上有 3 个小村子，村舍均用厚石砌成，四周均为田野，田间土埂上长满了小树，这就是诺曼底地区所特有的树篱地形，这种地形易守难攻。

德军利用这些有利的自然地形构筑了防御工事，在低潮线与高潮线间设置了 3 道障碍物，并混杂了大量水雷，卵石堤岸上被筑起了混凝土堡垒，在堡垒的前面有蛇腹形铁丝网和地雷，出口均被地雷和钢筋水泥障碍物封死。

海岸上有 16 个坚固的支撑点，设有机枪与反坦克炮，悬崖上构筑了暗堡，设有威力非常强的 88 毫米火炮，炮火的杀伤力能覆盖到整个海滩，霍克角的悬崖上设有 6 门 155 毫米的海岸炮，对海上军舰构成了极大的威胁。

盟军之所以会选择在这里登陆，是因为维尔河口到阿罗门奇之间正好位于美军犹他海滩与英军海滩之间，位置极其重要，而这段长达 32 公里的海岸也只有这段还能勉强登陆，其余地段均为悬崖绝壁根本无法登陆。

此外这里的守军是第 716 海防师的 1 个团，他们既没有装甲部队，又没有机动车辆，士兵大多是后备役，战斗力很弱。

事实上，3 月中旬，隆美尔为了加强诺曼底的防御，从圣洛调来了精锐的野战部队第 352 步兵师，该师的 1 个主力团部署在奥马哈，盟军情报机关却在登陆部队出发以后，才查到第 352 师的去向，但一切为时已晚。

在奥马哈登陆的有美军第 5 军第 1 师与第 29 师的各 1 个团。

6 月 6 日 3 时，登陆部队到达了换乘区，当时海面上风力 5 级，浪高 12 米，10 艘登陆艇因风浪太大而翻沉，艇上的 300 名士兵在海面上不断挣扎。而其他登陆艇上的士兵有很多人晕了船，加上打进艇内的海水，士兵们又冷又湿，当到达海滩之时，士兵们已累得精疲力尽。

更糟的是，为了达成战术上的突然性，航空火力没有对该地区进行轰炸。

1944 年 6 月 6 日 5 时 50 分，由 2 艘战列舰、4 艘巡洋舰、12 艘驱逐舰组成的舰炮火力支援舰队对该地区实施了 40 分钟的舰炮轰击，但因害怕霍克角德军岸炮射击，军舰只能在远距离射击，准确率非常低。

6 时，480 架 B—26 轰炸机对德军防御阵地实施了航空火力攻击，投弹 1,285 吨。

但由于当时的云层又低又厚，飞行员们怕误伤己方部队，所以延迟了 30 秒钟投弹，结果 1,285 吨炸弹都落在了 5 公里以外。

因此，德军的防御工事和火力点几乎完好无损，当盟军的火力攻击结束后，德军的炮火马上开始进行射击。

计划给登陆兵上陆后提供火力支援的水陆坦克，在西段的 32 辆之中有 27 辆下水几分钟后就因风浪太大而沉没，剩下的 5 辆有 2 辆是因为驾驶员的技术高超战胜了风浪驶上海滩，另 3 辆则归功于坦克登陆艇长的负责精神，他见第一辆坦克一下水就因风浪太大而沉没，马上命令关上艇门，将余下的 3 辆直接送到海滩上。

东段的指挥员一见风浪太大，水陆坦克根本无法下水，就下令直接将坦克送到海滩上，但这却使坦克登陆艇提前到达海滩，为了等待配合作战的装甲车辆，坦克登陆艇只好在海岸附近徘徊，德军抓住这一大好机会猛烈炮击，2 艘坦克登陆艇被击沉。

6 时 45 分时，水陆坦克和装甲车辆才一起驶上海滩，但刚到海滩，就被德军猛烈的炮火摧毁了好几辆。

紧接着，第一批 1500 名士兵突击登陆，由于海中有股向东的潮汐，及岸上四处弥漫的硝烟，士兵们分辨不出方向，队形因此变得混乱。

登陆时士兵们要趟水涉过 1 米多深，50 至 90 米宽的浅水区，然后通

登陆艇甲板上站满全副武装的美国士兵

过 180 至 270 米宽的无遮掩的海滩，才能到达堤岸，但这一切都要在德军密集而猛烈的炮火之下进行。

因此，在最初的半小时，这 1500 名士兵根本不能投入作战，他们在浅水中、海滩上为了生存而挣扎。

第一批登陆的 8 个连只有两个连登上了预定的海滩，却被德军的火力压得抬不起头来。

由工兵和海军潜水员组成的水下爆破组，不但伤亡惨重，而且装备丢失损坏也很严重，但他们仍克服困难冒着炮火清除障碍物，在东段开辟了 2 条通路，在西段开辟了 4 条通路，却没有在涨潮前将通路标示出来。

因此，后续的登陆艇找不到通路，只好拥塞在海滩上忍受着德军的炮击。

第二批在 7 时到达海滩，正好涨潮，德军的炮火准确而猛烈，将登陆部队压制在了狭窄的滩头。

2 小时里美军在西段一个人也没冲上海滩，在东段仅占领了 9 米宽的一段海滩。

海面上挤满了等待登陆的登陆艇，秩序非常混乱，海滩勤务主任不得不下令只许人员登陆，车辆物资等一律暂不登陆。

此时美军第 1 集团军司令布莱德雷通过几份零星的通信和军舰瞭望哨的报告，得知登陆困难很大，几乎没有胜利的可能，他准备放弃奥马哈的登陆，让美军第 5 军后续部队在犹他海滩或英军滩头登陆。

但此时，局势却有了转机，负责舰炮火力支援的美国海军指挥官见登陆的官兵不断死伤，岸上火力控制组与海军联络组却没有消息，意识到了海滩形势的严峻，他指挥 17 艘驱逐舰不顾搁浅、触雷和遭炮击的危险，驶到距海滩 730 米的地方，实施近距离火力支援。

150 名别动队员艰难地爬到了霍克角，发现那些所谓的 155 毫米海岸炮竟是伪装，此举消除了海岸炮带来的威胁，美军驱逐舰开始大发神威，逐一向海滩上的德军火力开火，德军被强大的火力打得毫无招架之力，只好挂白旗乞降。

随后驱逐舰又不断向新发现的目标射击，而且只要陆军用曳光弹射击德军，美驱逐舰就把它当成目标，马上进行轰击。

驱逐舰的积极援助，逐渐压制住了德军火力，为海滩上的美军攻击创造了良好的条件。

滩头上的美军指挥官不断激励部下，例如：第 29 师副师长科塔准将在弹片横飞的海滩上大声鼓励士兵道："留在海滩只有两种人，一种是已经死的人，另一种是即将要死的人。来啊！跟我冲！"

第 1 师 16 团团长泰勒上校大声对士兵说："待在这儿只有死，要死也要冲出海滩！"

在他们的带领之下，海滩上的美军虽然伤亡惨重，但不愧为久经战阵的王牌之师，特别是第 1 师，自第一次世界大战起就不断立下赫赫战功，在美军素来有"大红 1 师"的美誉，他们前仆后继，不断爆破炸开封死的出口，最终冲过了堤岸。

布莱德雷闻讯以后，感慨地说道："幸亏第 1 师在那儿！"

6 月 6 日上午 10 时，隆美尔刚从他的参谋长斯派达尔的电话里得知盟军登陆的消息。他匆忙赶回法国。

在途中，他电令斯派达尔："立即将第 21 装甲师投入反攻，不要等什么进一步增援，马上进攻！"

6 月 6 日夜间 10 点，隆美尔终于赶回了司令部，而此时登陆战线上的第 7 集团军与第 21 装甲师，正在努力阻止猛扑而来的攻击，现在只有靠装甲师了。

他马上命狄特里希指挥第 21 装甲师与党卫军装甲师于 7 日清晨开始反攻。但是第 21 装甲师经过一番苦斗后仅剩 70 辆坦克，而党卫军装甲师从 120 公里外的驻地在盟军飞机的猛烈轰炸下，7 日 9 时才赶到战地，沿途损失惨重，急需马上整顿。

狄特里希迫不得已一再推迟反攻。

与此同时，李尔装甲教导师在盟军飞机的猛烈轰炸之下进展缓慢，还在途中。

6 月 8 日，李尔装甲教导师才赶到，但沿途损失了 90 辆坦克。

隆美尔命狄特里希将第 21 装甲师、党卫军装甲师与李尔装甲教导师 3 个装甲师全部用上，想将盟军赶下海去，但盟军在强大的空中与海上舰炮火力的支援下，把狄特里希的反击打退了。

6 月 9 日，希特勒在伦德施泰特的要求下，把驻加来的第 15 集团军

战斗异常激烈，海滩上的美军伤亡惨重

抽调 17 个师派往诺曼底。

但由于盟军"卫士"计划及总参谋长约德尔、最高统帅部办公厅主任凯特尔、西线情报处处长罗恩纳等人的极力反对，希特勒在午夜时分，下令停止增援诺曼底，并把其他地区的部队火速调往加来。

伦德施泰特得知这一情况后仰天长叹："这场战争输定了!"

经过一天的激战，盟军在 5 个海滩，共上陆人员 13 万多人，车辆 1.1 万辆，物资 1.2 万吨。盟军有将近 10 个师的部队登陆成功，占领了 5 个 8 至 10 公里的登陆场。然而形势并不乐观，盟军没有完成当天的任务，没有占领预定占领的地区，尤其是没有占领卡昂和贝叶，而且在 5 个滩头中，只有金海滩和朱诺海滩连成一片，其余滩头之间都存在很大的空隙，尤其是美、英两军之间还有长 12 公里的大空隙。只有顶住德军随后的反击，并将 5 个滩头连成一片，扩展成统一的登陆场后，盟军才能在欧洲大陆立足。

7 日，在诺曼底滩头，盟军的空降兵与登陆兵共有 176 000 人踏上了

法国的土地，2 万辆各种车辆驶上了诺曼底大地。

盟军以伤亡与失踪 8000 人的代价，突破了德军苦心设置的"大西洋壁垒"。

德军在抗登陆作战方面则显得行动迟缓，指挥不力，通信不畅。

在盟军登陆时，德军高级将领里仅有伦德施泰特在指挥岗位上。

1944 年 6 月 7 日，盟军登陆部队开始着手建立统一的登陆场。

盟军在诺曼底登陆的消息传回德国，德国上下惊慌不已，他们无法接受第二战场开辟的现实。

6 月 8 日，盟军后续登陆部队上陆之时，空降部队攻占了登陆场内的机场、港口、城镇与交通枢纽，支援第二梯队上陆，连接与巩固登陆场。

后续军团在第一梯队夺取并巩固登陆场以后，从占领的港口上陆，迅速准备陆上进攻战役。

这时，德军为了摆脱被动的局面，对诺曼底的反击力量开始陆续加强。

但是，希特勒、伦德施泰特、隆美尔等德军高级指挥官仍认为，加来才是盟军的主攻方向，诺曼底仅是盟军进攻的次方向，盟军只是在进攻之初有意把诺曼底的规模搞大了。在错误的判断之下，德军抗登陆作战更加被动。

6 月 9 日，盟军的登陆部队在地上构筑工事，掩护后续梯队登陆。

6 月 10 日，隆美尔和西线装甲集群司令施韦彭格决定集中诺曼底的所有装甲部队，在第 2 空降军的配合之下，全力开始反击，以阻止盟军不断扩大登陆场。

不料盟军飞机轰炸了德西线装甲集群司令部，施韦彭格被炸成了重伤，他的参谋长及很多参谋丧生，这次反击因此而胎死腹中。

6 月 11 日，美第 5 军推进到科蒙—塞里亚—伊济尼一线，其先头部队越过维尔河口，准备打通和美第 7 军的联系。

德军知道这两个军一旦会合将构成极大威胁，所以全力阻止美军的行动。

双方激战不断，黄昏时候，美军第 5 军已和第 7 军建立联系。

同天，盟军的人工港在诺曼底投入使用，这使盟军的卸载速度得到了大大提高。

美军地段的"桑树 A"人工港，卸载车辆的速度达到每分钟 2 辆。

英军地段的"桑树 B"人工港，物资卸载量从起初的日均 600 吨，达到日均 1500 吨。

6 月 12 日，盟军各登陆地段已基本稳固，连成了正面 80 公里、纵深 13 ～ 19 公里的登陆场。

经过一周的激战，希特勒一度寄予希望的"大西洋壁垒"被盟军突破了。

诺曼底的成功登陆，使第二次世界大战的形势发生了重大变化。

英国首相丘吉尔在视察硝烟弥漫的诺曼底战场以后说：这是历史上最困难、最复杂的战役，它使盟军重返欧洲大陆。

6 月 13 日，德军的第一颗导弹落在了伦敦，但这并没有对盟军登陆造成多大影响。

希特勒与隆美尔准备在盟军登陆之初将其赶下海的计划破灭了。

隆美尔将集中精力建立新的防线，准备把盟军长时间封在登陆场内，以免盟军向纵深挺进。

蒙哥马利开始扩大登陆场，右翼布莱德雷的美第 1 集团军向圣洛方向推进，左翼的英第 2 集团军向卡昂推进。

17 日，希特勒飞赴西线，命伦德施泰特与隆美尔在巴约向海岸进行反击，分割盟军部队，并不惜一切代价守住瑟堡。

18 日，美登陆部队切断科唐坦半岛。21 日，在舰炮火力的支援下向瑟堡发起总攻，迫使德国守军在 29 日投降。

因在遍布灌木树篱的地形作战，所以盟军进展缓慢。英军预定在"D日"夺取卡昂，但因遭到德军装甲师的顽抗，到7月9日才攻克该城奥恩河北岸部分。19日，占领全城，牵制了德军大量预备队，为卡昂以西地区的美军作战提供了有利条件。

6月18日，美军攻占了科唐坦半岛中部的巴内维尔。

6月19日，美军发挥其机动性强的优势，掉头直取蒙特堡，将科唐坦半岛的德军拦腰切断。

与此同时，英吉利海峡风暴突起，风力8级，浪高1.8米，盟军损失惨重。

美军地段的"桑树A"人工港，浮动码头解体，沉箱断裂，十字形钢制件也因相互碰撞而严重受损。

英军地段的"桑树B"人工港，由于海底礁石的保护作用，损失较小，只损毁了4个沉箱。

在登陆滩头，盟军有7艘坦克登陆舰、1艘油船、3艘驳船、1艘大型人员登陆舰、7艘拖网渔船、67艘登陆艇被大风刮沉、1艘巡洋舰与1艘渡船因碰撞而损坏，还有些舰船因风浪引爆了德军设置的水压水雷而被炸伤。

狂风暴雨将大约800艘舰艇抛到了陆地，使盟军整整5天无法卸载，使2万辆车辆，10万吨物资不能按计划上陆。

风暴所造成的物质损失要远远超出了13天作战所带来的损失，给盟军的后勤补给带来了严重的困难。

德军如果及时抓住这一千载难逢的战机，进行有力的反击，战局很可能要改写。

可惜的是德军当时的兵力仅能勉强进行防御。德军虽从匈牙利调来整编的党卫军第9、第10装甲师，但这两个师却因为法国境内的铁路遭到严重破坏，部队集结非常困难，不能及时到达，错失了这一绝好的时机。

6月20日，美军有3个师推进到了距瑟堡8公里处。瑟堡位于科唐坦半岛北部，是法国北部最大的港口。

德军在这里筑有混凝土野战工事，还充分利用河流与水渠设置了反坦克障碍，城郊部署了20个设在暗堡里的炮连，其中有15个装备口径达150毫米的重炮，这些火炮不但能向海上目标射击，还能控制内陆道路。

但德军兵力不足，前一时期的战斗已消耗了德军大部分有生力量，城防司令施利本将军不得不将勤杂人员编到战斗部队，勉强凑够了4个团的兵力。

6月25日，美军攻占了港口要塞瑟堡，但港口却遭到了彻底的破坏。

同时，英第2集团军向卡昂发起了进攻。

6月28日，德第7集团军司令多尔曼因心脏病发作而猝死于前线；7月1日，德西线总司令伦德施泰特被免职，克卢格元帅代替他的位置。德军损兵折将，处境非常危急；7月17日，隆美尔被英国飞机炸伤，不得不返回德国，其职务只好由克卢格兼任。

到7月初，美、英、加军已登陆达100万人、车辆17万余辆、补给品近60万吨。因登陆场太小，盟军为扩大登陆场展开了作战。

7月6日，盟军除了登陆艇外，还利用"桑葚"人造港、"醋栗"防波堤和"冥王星"海底输油管，将929 000名官兵、586 000吨补给物资及177 000台车辆输送上岸。

这时盟军和德国守军的兵力比例为2：1，火炮为3：1。盟军的轰炸让卡昂的街道不能通行，而蒙哥马利也吃尽了隆美尔的苦头，英第2集团军进展缓慢。

7月17日，隆美尔的汽车被盟军飞机攻击，他虽多处负伤但仍奇迹般地活了下来。

7月18日，英军攻占了卡昂西城。同时，美军也占领了圣洛城，从此在西欧大陆上建立起了卡昂延伸到圣洛的稳固战线。

从 6 月 6 日至 7 月 18 日的诺曼底登陆战役，德军伤亡 116 000 人，盟军伤亡近 120 000 人。

对于整个诺曼底登陆战役，斯大林给予高度评价：就其规模，就其宠大的布局，以及杰出的执行计划情况来讲，战争史上从来没有过足以和它类比的事业。众所周知，拿破仑当年强渡英吉利海峡遭到惨败；战争狂人希特勒准备了"海狮计划"，但面对英海军，只不过吹了两年牛皮。只有盟国才胜利地实现了强渡海峡的庞大计划。

深入欧洲腹地

到 8 月底，盟军共消灭或重创德军 40 个师，在此期间德军有 3 名元帅与 1 名集团军司令被撤职或者离职，盟军击毙与俘虏德军集团军司令、军长、师长等高级将领达 20 人。

7 月以来，滂沱大雨使盟军的进攻不是被天气困扰，就是连连遭到德军阻击。

7 月，是盟军连续受挫，伤亡重大的一个月。

在英国和美国，广大人民对此日益感到不安，纷纷指责，他们认为，盟军的反攻形势走上了第一次世界大战残酷的阵地战老路。

在英军受挫的同时，美军占领瑟堡以后也打不开局面。布莱德雷不顾德军的顽强抵抗，在地形不利的小块田地和沼泽地里，经过 3 周的激战，以伤亡 1.1 万人的代价，占领变成废墟的圣洛。

盟军登陆成功以后，决定实施大规模的地面进攻。计划由蒙哥马利从卡昂发起进攻，占领法莱斯，打开通向巴黎的大门；布莱德雷在圣洛西南突破德军的防御，向布列塔尼半岛根部的阿夫郎什推进。

英、美部队进攻代号分别为"赛马场"与"眼镜蛇"行动。

1944 年 7 月 18 日，美军攻占了交通枢纽圣洛，分割德军"B"集团军群。

当美、英、加军顺利抵达卡昂、科蒙、莱赛后，形成了正面 150 公里、纵深 13 ~ 35 公里的登陆场。

英军首先发起了"赛马场"行动，英第 2 集团军的第 2 师、警卫装甲师与第 7 装甲师从卡昂向西南打去。

为了支援英军的进攻作战，盟军出动 4500 余架飞机，投弹达 7000 多吨。

英军装甲师的坦克集群在炮弹的呼啸声之中，冲向了法莱斯。

德军西线"B"集团军司令隆美尔早就预见了盟军的这一招。

隆美尔在防御区内精心部署了装甲部队和炮兵部队，同时还层层布下数以百计的 88 毫米高射炮和 6 管火箭发射器。

早在几个月以前，隆美尔就打算诺曼底的战役爆发后如果不能把盟军赶下海，就在这一防御区与盟军较量，并把盟军歼灭。

7 月 17 日下午，隆美尔视察前线后乘车返回总部，半路上遭到一架

美军登陆诺曼底

英机的截击，结果翻车受伤。

隆美尔伤势严重，住进医院。出院后，隆美尔由于先前参与谋害希特勒的秘密活动败露，于 1944 年 10 月服毒自杀。

盟军飞机轰炸时，德军立即把坦克隐蔽起来，飞机一走，又把它们推了出来。

在英军与德军防守的法莱兹开阔平原之间，隆美尔埋伏的 88 毫米火炮群，令英国装甲部队和步兵部队防不胜防。蒙哥马利不顾伤亡惨重，持续进攻 3 天。

到 20 日下午，英军以损失 400 多辆坦克的代价，只向前推进了 11 公里，建立起一条很不稳固的狭长突出阵地。此时，天降暴雨，蒙哥马利不得不暂停进攻。

尽管蒙哥马利发动的"赛马会"攻势失败了，但在战略上，英军牵制了西线德军大部分的装甲部队和炮兵部队。

这样，巴顿的"眼镜蛇"攻势成为盟军进攻的高潮。在巴顿展开兵力的过程中，蒙哥马利加强了对德军的牵制性进攻。

巴顿的第 3 集团军是一支超机动化的装甲部队，德军的装备无法与之匹敌。

7 月间，战斗呈现白热化，美军和英军的伤亡在逐渐加大。

7 月 25 日，布莱德雷率美第 1 集团军开始实施"眼镜蛇"行动。

上午 9 时 45 分，盟军出动 2430 架飞机向目标区投下了 4000 吨炸弹与燃烧弹。

德军阵地被盟军炸得一塌糊涂，通信线路被炸，重型装备损失殆尽。

事实上，李尔装甲教导师已被轰炸机消灭。

轰炸结束后，美第 7 军军长柯林斯中将挥师向前推进。同时，其右翼的第 8 军与左翼的第 19 军也发起了攻击。

美军坦克大多装有发光识别板与对空联络电台，遇到地面抵抗就会呼

唤空军支援，由于地空的默契配合，美军前进速度非常快。

7月27日，美第8军与第7军将德军党卫军装甲师团团包围，德军突围不成，又被盟军飞机轰炸。

7月30日，这个德国装甲师全军覆没。

当晚，美第8军占领阿夫郎什，进入布列塔尼半岛，打开了进入法国腹地的通道。

8月1日，美军组建第12集团军群，布莱德雷任司令，下辖巴顿的第3集团军（第8、第12、第15、第20军）及霍奇斯的第1集团军（第5、第7和第19军）。共5个装甲师、16个步兵师，约40万人。

第3集团军的4个军刚在阿夫郎什集结，巴顿就命令各军呈扇形展开，第8军向西直扑布列塔尼半岛顶端的布雷斯特，其余部队向东推进。

3天时间，第15军就向前推进了110公里，抢占了通往勒芒的公路。

面对盟军的强大进攻，克卢格只能退到塞纳河一线防守。

希特勒不相信克卢格，甚至怀疑西线德军没有尽力作战。

于是，希特勒把加来第15集团军的几个师调到诺曼底，从法国南部调来兵力，准备和盟军决一死战。

8月3日，希特勒将代号"吕希特"的作战计划下达给克卢格，下令克卢格带领全部装甲师从莫尔坦向阿夫郎什进攻，把向东突进的巴顿军团的交通线切断，将美军"掷回大海"。

如果德军能控制制空权，这倒不失为一个合理的计划，但德军却没有制空权，因此这和自杀无异。

8月7日，克卢格集中了5个装甲师与两个步兵师向莫尔坦发起了进攻，并迅速占领了该地，但当他继续向阿夫郎什推进时，受到了美军装甲部队的抵抗。

中午，盟军出动数百架轰炸机，对莫尔坦一阵狂轰滥炸，炸毁了60辆德军坦克与200辆汽车，剩下的钻入了树林。

当日夜间，蒙哥马利命令加拿大第 1 集团军向法莱斯突击，布莱德雷也下令正向东进攻的巴顿军团调头北进，合围德军主力。

克卢格见情势不妙，想放弃"吕希特"行动，可是希特勒不同意。

8 月 13 日，巴顿率领的第 15 军推进到与英、加军队分界线阿让唐以南 12 公里的地方，此时加拿大部队仍在法莱斯以北 10 公里之外苦战。

巴顿打电话给布莱德雷，要求越过分界线，占领阿让唐与法莱斯。

布莱德雷考虑到盟国部队之间的关系，下令巴顿不得越界。

在巴顿的力争之下，蒙哥马利同意让美军先于英军占领了阿让唐。

8 月 16 日，德军主力终于接到了撤退命令，德军 5 个装甲师猛攻阿让唐，该地的 3 个美军师勉强挡住了德军的进攻。

与此同时，加拿大第 1 集团军占领了法莱斯，但他们离美军仍有 25

巴黎光复，盟军士兵通过凯旋门

公里之遥，德军此时拼死冲向了这个缺口。

两条乡间小路上到处挤满了德军的坦克、车辆与人员，他们趁着恶劣的天气，盟军飞机出动不了的良机，拼命外涌，总算冲出了一些部队。

8月17日，天气转好，盟军飞机蜂拥而至，对外涌的德军进行无情地轰炸和扫射，成千上万的德军被打死。

当天，克卢格因牵涉谋杀希特勒而被解职。克卢格交出职务以后，在8月19日服毒自杀。

8月19日，美军和加拿大军队在阿让唐与法莱斯之间的尚布瓦、特兰会合，把德军的12个师扎在了口袋里。

但因口袋口处的兵力相对较弱，有些德军还是冲了出去，其中包括一半左右的装甲师。

德军逃出了总数的1/3，没有冲出去的德军，在越缩越小的包围圈内苦苦挣扎，被盟军飞机、大炮与机枪射杀。

法莱斯以西成了一口血肉沸腾的大锅，德国人称它为"法莱斯开水壶"。

盟军在包围圈内打死德军1万多人，俘5万人。

8月25日，巴黎光复，诺曼底会战结束了。

到8月底，盟军共消灭或重创德军40个师，在此期间德军有3名元帅与1名集团军司令被撤职或者离职。盟军击毙与俘虏德军集团军司令、军长、师长等高级将领达20人，缴获摧毁德军火炮共3000多门，摧毁战车1000多辆。德军损失飞机3500架，坦克1300辆，各种车辆20 000辆，人员近50万。

诺曼底登陆成功，美英军队返回欧洲大陆，第二次世界大战的形势发生了根本性变化。